U0933565

小学生
健康知识教育

段海平 陈暕 张迎修 / 主编

青岛出版集团 | 青岛出版社

图书在版编目（CIP）数据

小学生健康知识教育 / 段海平, 陈睐, 张迎修主编. —
青岛：青岛出版社, 2023.6
ISBN 978-7-5736-0477-4

Ⅰ.①小… Ⅱ.①段… ②陈… ③张… Ⅲ.①健康教
育—小学—教学参考资料 Ⅳ.①G624.83

中国版本图书馆CIP数据核字（2022）第171531号

XIAOXUESHENG JIANKANG ZHISHI JIAOYU
书　　名　小学生健康知识教育
主　　编　段海平　陈　睐　张迎修
出版发行　青岛出版社
社　　址　青岛市崂山区海尔路182号（266061）
本社网址　http：//www.qdpub.com
邮购电话　0532-68068091
责任编辑　袁　贞
特约编辑　逄　旭
封面设计　毕晓郁
插　　画　许德龙
制　　版　青岛千叶枫创意设计有限公司
印　　刷　三河市紫恒印装有限公司
出版日期　2023年6月第1版　2023年12月第2版第2次印刷
开　　本　16开（787 mm ×1092 mm）
印　　张　10
字　　数　100千
书　　号　ISBN 978-7-5736-0477-4
定　　价　58.00元

编校印装质量、盗版监督服务电话　4006532017　0532-68068050

前言

儿童青少年是国家的未来和民族的希望，少年强则中国强，促进儿童青少年健康是实施健康中国战略的重要内容。提高儿童青少年的健康素养水平，不仅可有效应对儿童青少年的健康问题，也是保证全民健康素养的重要前提和基础。

健康素养是指个人通过各种渠道获取和理解基本健康信息和服务，并运用这些信息和服务作出正确决策，以维护和促进自身健康的能力。儿童青少年正处于人生发展和各种行为形成与塑造的重要时期，其健康素养水平与健康危险行为的形成密切相关，健康素养水平较低的儿童青少年更易发生吸烟等健康危险行为。

小学生处于儿童青少年的早期，也正处于人一生中身体和心理发育最重要的时期。本书从小学生常见传染病的防治、预防近视、口腔健康、合理营养、科学运动、食品安全、应急避险、心理健康等方面展开，以通俗易懂、图文并茂的方式，引导小学生们学习健康知识，掌握健康技能，提高自己的健康素养水平。衷心希望本书的出版能对同学们的茁壮成长有所帮助！

编者

目录

第1章 可怕的传染病

第2章

“小眼镜儿”请远离我

第3章

我的牙齿有“虫虫”

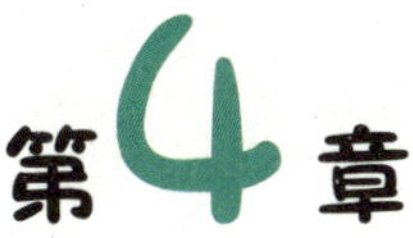

第4章 不想做“小胖墩儿”

第5章 食品安全很重要

第6章 科学做运动

第7章 远离烟草，拒绝毒品

第8章 应急与避险

第9章 保持心理健康

第10章

我们正在慢慢长大

第 1 章

可怕的传染病

1. 什么是传染病

萌萌得了感冒，咳嗽、发热、浑身酸痛，因为怕耽误上课就坚持带病上课，结果第二天，班里面好几个同学都出现了和萌萌一样的症状，到医院检查，最后医生诊断他们都得了流行性感冒（简称“流感”）。

同学们，在这里我们看到，开始是萌萌得了流感，并带病来到学校，当她和同学们接触的时候，她就把身体内的流感病毒传染给了其他同学，其他同学很快也出现了发热、咳嗽和浑身酸痛的症状，最后都被确诊为流感。

传染病就是由各种病原体（如细菌、病毒、寄生虫等）所引起的能在人与人之间，动物与动物之间，或人与动物之间相互传播的一类疾病。

有些疾病一个人得了之后，只会在他本人身上发展，不会扩散到其他人身上，这些疾病就不是传染病，比如，鼻炎、关节炎等。

哦！我明白了，传染病就是一个人得了之后，能够把身上的病原体传染给其他人，导致他们也得和自己一样的病，这样的病就属于传染病。

小讨论

同学们，上面我们已经讲了传染病的概念，那么请大家讨论一下，下面哪些疾病是传染病，哪些不是传染病，请连线归一下类。

流行性感冒	
关节炎	
水痘	传染病
麻疹	
中耳炎	非传染病
肺癌	

2. 传染病是怎么“传染”的

很好奇啊！萌萌先得了流感，可她是怎么传染其他同学的啊？

传染病是由各种病原体所引起的能在人与人之间，动物与动物之间，或人与动物之间相互传播的一类疾病。从这里我们可以看出来，疾病是否会传染，首先要看病原体，就是我们常说的细菌、病毒、寄生虫等。

这些病原体在生物体外受环境因素的影响，存活时间较短，因此它们需要生物体为它们提供营养和生存场所。我们把能给病原体提供营养和场所的生物称为宿主，一般包括人和动物。

宿主（传染源）把身上的病原体传染给其他健康的人，需要一种途径让健康的人接触这些病原体。我们将病原体从传染源排出体外，经过一定的传播方式，到达并侵入新的易感者的过程，称为传播途径。

哦！明白了，就是人把疾病传染给其他人，起码应具备传染源、易感人群和传播途径三个最基本的条件才行，是吧？

对，缺一不可！这就是传染病发生的三大要素！

3. 传染病的传播途径有哪些

传染病的传播途径有很多，常见的有飞沫传播、接触传播、食物和水传播、动物传播等。

飞沫传播是最为常见的一种，也就是我们常说的呼吸道传播。其实就是传染源通过咳嗽、打喷嚏、说话排出的含有病原体的飞沫，被易感者吸入体内后造成的感染。通过飞沫传播的主要是呼吸系统疾病，比如流行性感冒、肺结核、新型冠状病毒感染等。

接触传播也非常常见，所谓接触传播，即易感者直接接触传染源或接触被病原体污染的物品引起的感染。例如，我们教室的门把手及日常用品（玩具、餐具、教学用具等）被传染源的排泄物或分泌物污染后，会传播病原体。许多肠道传染病、体表传染病，以及某些人兽共患病，均可经此途径传播。

食物和水传播是指病原体从传染源排出后，污染了食物和水，然后通过食物和水重新侵入新的易感宿主的过程。诺如病毒引起的感染性腹泻就可以通过此途径传播。

动物传播是指一些动物携带病原体后不发生疾病，或者症状轻微，但是会将病原体传播给人，使人发生传染病。最为常见的可通过动物传播的疾病是狂犬病和鼠疫。

4. 什么是潜伏期

老师，为什么我那天得了流感来到学校，传染给其他同学，他们当时没有出现咳嗽、发热，而是第二天才陆续出现这些症状呢？

是这样的，我们体内的病原体（病毒、细菌等）被排出体外之后，经过一定的传播途径，比如飞沫传播，附着在飞沫或者灰尘上，飘浮在空气中，另一名同学通过呼吸把带有病原体的飞沫或灰尘吸入体内，这就是一个感染的过程。病原体刚进入体内时数量是很少的，不会马上引起身体不适。当病原体在人体内“安家落户”后，就开始不断繁殖，达到一定数量时，身体才会出现不适，如发热、咳嗽等，也就是我们医学上所说的出现临床症状。

比如，萌萌你得了流感，流感病毒经过呼吸从你的身体排出，进入其他同学体内，病毒经过一段时间的自我复制，达到一定数量，这些同学才会出现咳嗽、发热的症状，也就是出现了流感症状。

潜伏期的定义：病原体（病毒、细菌等）侵入人体至人体最早出现临床症状的这段时间。

不同传染病的潜伏期是不一样的，有的短至几小时，有的则长达数年。但同一种传染病一般有固定的潜伏期。比如说：流感的潜伏期为 1 ~ 3 天；水痘的潜伏期为 10 ~ 21 天，14 ~ 16 天多见；艾滋病的潜伏期平均为 8 ~ 9 年，可短至数月，也可长达 15 年；新冠病毒感染的潜伏期为 1 ~ 14 天。

5. 传染病的分类

根据《中华人民共和国传染病防治法》的规定，传染病分为三大类：甲类、乙类和丙类。

甲类传染病：鼠疫、霍乱。

乙类传染病：传染性非典型肺炎、艾滋病、病毒性肝炎、脊髓灰质炎、人感染高致病性禽流感、麻疹、流行性出血热、狂犬病、流行性乙型脑炎、登革热、炭疽、细菌性和阿米巴性痢疾、肺结核、伤寒和副伤寒、流行性脑脊髓膜炎、百日咳、白喉、新生儿破伤风、猩红热、布鲁氏菌病、淋病、梅毒、钩端螺旋体病、血吸虫病、疟疾、人感染H7N9禽流感、新型冠状病毒感染。

丙类传染病：流行性感冒、流行性腮腺炎、风疹、急性出血性结膜炎、麻风病、流行性和地方性斑疹伤寒、黑热病、包虫病、丝虫病，除霍乱、细菌性和阿米巴性痢疾、伤寒和副伤寒以外的感染性腹泻病，手足口病。

6. 冬春季校园“小霸王”

流感是流行性感冒的简称，是一种传染性很强的上呼吸道传染病，也是最常见的一种传染病。由于它引起的症状与感冒症状类似，而且传染性极强，容易造成大范围流行，所以我们把它称为流行性感冒。

流感一般分为甲型流感、乙型流感和丙型流感。甲型流感和乙型流感较常见，丙型流感相对比较少。我们常说的禽流感就是甲型流感。

7. 流感的症状

流感是通过飞沫传播的一种呼吸道传染病，最典型的症状就是寒战、发热、头痛、乏力、食欲减退、全身肌肉酸痛，发热会持续数日。部分人会有鼻塞、咳嗽、咽痛等症状。

儿童青少年抵抗力相对较低，是最易感人群，所以每年冬季和初春时节，学校总会出现流感大范围流行。

流行性感冒的潜伏期一般是 1 ~ 3 天，最短为数小时。一般在发病 2 ~ 3 天传染性最强。

8. 流感和感冒是一回事吗

流感和感冒是不一样的，千万不能混为一谈哦！

流感是流行性感冒的简称，而感冒是普通感冒的简称。因为两者都属于上呼吸道病毒感染引起的疾病，而且两者的中文名字都带有“感冒”两字，所以很容易混淆，实际上两者有很大的区别。

第一，引发两种疾病的病原体不一样。鼻病毒、腺病毒、呼吸道合胞病毒等均可引起感冒，而流感仅由流感病毒引起。

第二，流行情况不一样。感冒多为散发，传染性不强。而流感的传染性非常强，流感病毒传播速度非常快，极易引起流行和大流行。

第三，症状不一样。普通感冒主要表现为鼻部症状，先是鼻咽部发干、打喷嚏，然后就是流鼻涕、鼻塞等，一般不会发热。即使发热一般也是38℃以下的低热。流感则是突然发病，出现寒战、高热、乏力、全身肌肉酸痛、关节痛等症状。

第四，两者的预后不一样。普通感冒的病情较轻，一般1周内就会康复，极少危及生命。而肺炎型和中毒型流感病情较重，恢复时间较长，容易引起并发症。特别是儿童、老人等免疫力低的人，预后较差，甚至出现死亡。

9. 平时应该怎样预防流感

① 保持良好的个人及环境卫生。

② 勤洗手，使用肥皂或洗手液洗手并用流动水冲洗，不用不洁净的毛巾擦手。双手接触呼吸道分泌物后（如，打喷嚏后）应立即洗手。

③ 打喷嚏或咳嗽时应用手帕或纸巾掩住口鼻，避免飞沫影响他人。流感患者在家或外出时佩戴口罩，以免传染他人。

④ 均衡饮食，适量运动，充足休息，避免过度疲劳。

⑤ 每天开窗通风数次，保持室内空气新鲜。

⑥ 在流感高发期，尽量不到人多拥挤、空气污浊的场所；不得已必须去时，最好戴口罩。

⑦ 秋冬季及初春时节天气多变，注意及时加减衣服。

⑧ 在流感流行季节前接种流感疫苗也可减少感染的机会或减轻流感症状。

小提示

流感病毒每年都会发生变异，每年流行的毒株可能是不一样的，所以我们要预防流感就要坚持每年接种流感疫苗哦！

10. 真不是逗你玩儿的水痘

水痘是由水痘－带状疱疹病毒感染所引起的疾病，具有高度传染性，多在儿童之间传播流行。

得了水痘后有什么症状呢？

水痘典型的临床症状可分为两期，即前驱期、出疹期。

1 前驱期

婴幼儿常无症状或症状轻微，可有低热、烦躁易激惹或拒乳情况，同时出现皮疹。较大的儿童和成人可有畏寒、低热、头痛、乏力、咽痛、咳嗽、恶心、食欲减退等症状，持续 1 ~ 2 天后才出现皮疹。

② 出疹期

一开始为红色斑疹，数小时后变为丘疹并发展成疱疹。疱疹为单房性，椭圆形，直径3 ~ 5 毫米，周围有红晕，疱疹壁薄易破，疱液先为透明，很快变混浊，疱疹处常伴瘙痒。1 ~ 2 天后疱疹从中心开始干枯、结痂，红晕消失。1 周左右痂皮脱落，一般不留瘢痕。

水痘皮疹为向心性分布，首先见于且主要位于躯干部，以后延及头面部，四肢相对较少。部分患者会在口腔、咽喉、眼结膜和外阴等黏膜处出现疱疹，破裂后形成溃疡。

水痘皮疹多分批出现，所以在同一部位可同时见斑丘疹、水疱和结痂，后期出现的斑丘疹未发展成疱疹即隐退。

11. 水痘是怎样传染的呢

水痘主要通过呼吸道飞沫、直接接触或间接接触被水痘 – 带状疱疹病毒污染的用具传播。该病冬春季节多发，儿童青少年由于抵抗力较低，是最易感的人群。

水痘疾病的潜伏期一般是 10 ~ 21 天，大部分水痘患者的潜伏期是 14 ~ 16 天。水痘的潜伏期，是指从感染水痘 – 带状疱疹病毒到出现症状的这段时间。

12. 水痘的日常预防

❶ 水痘的传染性非常强，易感人群接触水痘患者后极易被感染。所以，预防水痘的重点是隔离患者，避免传染给周围同学。

❷ 养成良好的个人卫生习惯，打喷嚏、咳嗽和擦鼻涕后要洗手，不用公用毛巾，勤晒衣被，多参加户外锻炼，增强机体免疫力。在公众场所注意佩戴口罩，尤其是在传染病高发季节，更应提高警惕。

❸ 预防水痘最有效的方法还是接种水痘疫苗。

13. 风疹又是什么“疹”

风疹？怎么没有听说过啊？是不是通过风传播的传染病啊？

风疹又称“风痧”，是一种由风疹病毒感染引起的急性呼吸道传染病。冬春两季容易发病，人群普遍易感，多见于 1 ~ 5 岁儿童。

风疹的症状以低热、全身皮疹为主，常伴有耳后、枕部淋巴结肿大。一般在发热 1 ~ 2 天后出现皮疹，从面颈部开始，24 小时内蔓延至全身。皮疹开始为稀疏的红色斑丘疹，随后融合成片，第二天可变为针尖样红点，一般在 3 天内消退。

风疹的潜伏期为 14 ~ 21 天，症状较轻，预后良好。因为是呼吸道传染病，所以主要通过飞沫传播。

14. 预防风疹，我们要这样做

1 在学校教室和家中要经常开窗通风，勤打扫卫生，勤晒被褥。

2 保持良好的个人卫生习惯，打喷嚏、咳嗽和清洁鼻子后要洗手，不要与他人共用毛巾。

3 注意均衡饮食，加强体育锻炼，充分休息，增强个人抵抗力。

4 一旦得了风疹，不带病上课，治愈后应到医院开具复课证明，方可返校上课。

5 接种风疹疫苗。

15. 麻疹真是个“麻烦”啊

刚说了风疹，这回又来了一个麻疹。

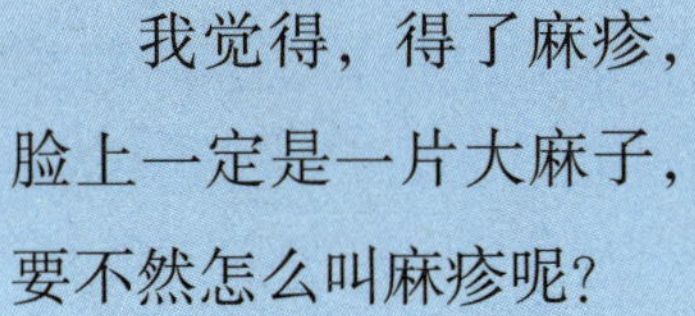

麻疹是由麻疹病毒感染引起的急性呼吸道传染病，是一种自限性疾病，但是传染性非常强。麻疹一年四季均可发生，但发病高峰期是3～5月份。麻疹病人在咳嗽、打喷嚏时，会将含有麻疹病毒的分泌物排出体外，传染其他人。麻疹的潜伏期一般是6～21天，平均为10天左右。

什么是自限性疾病呢？

自限性疾病，就是在发展到一定程度后，靠自身免疫力就能够控制病情发展并逐渐痊愈的疾病。一般来说，在没有严重并发症的情况下，只需对症治疗，或不需治疗。常见的自限性疾病有麻疹、水痘、轮状病毒肠炎、幼儿急疹等。

16. 麻疹喜欢和哪些人打交道呢

麻疹高风险人群：

1. 7岁以上学龄儿童。
2. 没有接种麻疹疫苗的幼儿。

同学们平时要做好以下防护措施：

1. 接种麻疹疫苗，这是预防麻疹最好的方法。
2. 注意个人卫生，勤开窗通风换气，保持室内空气清洁。
3. 加强体育锻炼，少去人多且密闭的场所。

万一得了麻疹，不要害怕，及时前往医院就诊、隔离治疗，避免传染他人，病愈后持医院开具的复课证明返校上课。

17. 荨麻疹、麻疹、风疹有什么区别呢

一会儿麻疹，一会儿风疹，我还听说过荨麻疹，太混乱了！

是啊，名字好像差不多，其实是不同的疾病哦！

1 荨麻疹俗称“风团”，是一种常见的皮肤病，是没有传染性的。临床症状主要是在瘙痒部位出现一些风团块儿，颜色鲜红或苍白。

2 风疹又称“风痧”，是一种常见的儿童呼吸道传染病。风疹由风疹病毒引起，临床表现为低热，皮疹，耳后、枕部淋巴结肿大。一般病情较轻，很容易恢复。通常于发热 1 ～ 2 天后出现皮疹，并在 24 小时内蔓延至全身。皮疹一般持续 3 天后消退，且消退时没有脱屑。

3 麻疹是由麻疹病毒引起的一种呼吸道传染病，传染性极强。临床表现为发热、咳嗽、流涕、眼结膜充血、口腔黏膜斑及全身斑丘疹。一般在第 3 ～ 4 天开始出现皮疹，皮疹持续 1 周左右，而且皮疹消退时有细小脱屑。皮疹引起的发热为中重度发热，而风疹引起的发热为低热。

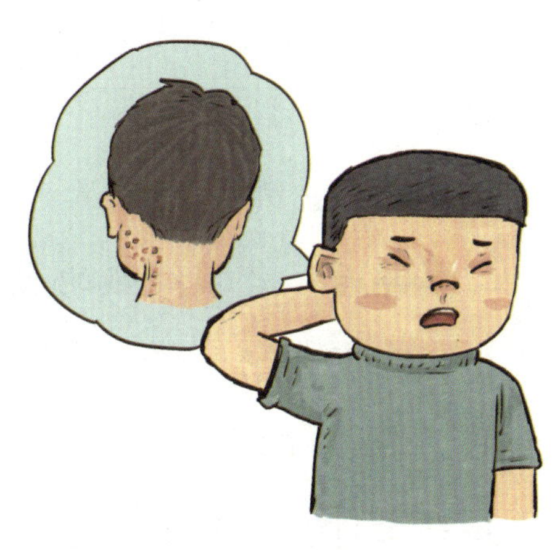

18. 会变“草莓舌”的猩红热

猩红热是溶血性链球菌引起的急性呼吸道传染病。全年均可发生，但冬春季多，夏秋季少。可发生于任何年龄的人群，但以儿童最为多见。

一旦被传染了猩红热，会突然出现高热，发热后24小时内开始发疹，出现弥漫性红色小点，口周苍白，咽部显著充血，舌面因舌乳头红肿而呈草莓状。皮疹于48小时达高峰，然后开始消退，疹退后出现皮肤脱屑。

“草莓舌”是猩红热的典型症状，一般出现在发疹的时候，表现为舌头稍有肿胀，舌覆以白苔，红肿的舌乳头突出至白苔之外，看起来像草莓的外表，

因此被称为“草莓舌”。2～3天后，白苔脱落，就会表现为“杨梅舌”的样子。

猩红热也是一种主要通过飞沫传播的呼吸道传染病，也可经皮肤创口或产妇产道感染。

猩红热潜伏期为1～7天，一般为2～3天。

19. 如何预防猩红热

1. 尽量不要前往人员密集的场所，禁止接触患病人群。
2. 做好个人卫生，勤洗手，尤其要注意口腔卫生。
3. 家中和教室经常通风，保持空气清洁，保持环境卫生。
4. 饮食清淡，合理膳食，加强运动，提高免疫力。

由于没有预防猩红热的疫苗，所以请同学们一定要注意个人卫生，做好疾病防护。

20. 让脸变大的流行性腮腺炎

萌萌，我邻居家男孩的腮帮肿得很大，像含了一个核桃，他妈妈带他去医院了，说是得了“痄腮”。

“痄腮”？那是什么病啊？

“痄腮”的学名叫流行性腮腺炎，是由腮腺炎病毒引起的急性呼吸道传染病。主要通过患者打喷嚏、咳嗽排出的飞沫传播，也会通过接触被腮腺炎病毒污染的物品传播。常见于儿童青少年，潜伏期为 8 ~ 30 天，平均 18 天。

流行性腮腺炎的典型症状包括腮腺肿胀、疼痛，发热等。虽然流行性腮腺炎的主要病变在腮腺，但它实际上是一种全身性感染，大部分患者会出现其他部位的并发症。

同学们预防流行性腮腺炎要做好以下几点：

1. 接种麻腮风疫苗。
2. 尽量少到人员密集的公共场所；出门戴口罩，尤其是乘坐公共交通工具时。

3 一旦出现腮部肿痛、发热等疑似流行性腮腺炎症状，应及时到医院就诊，有利于早期诊治。

4 养成良好的个人卫生习惯，做到“四勤一多”：勤洗手、勤通风、勤晒衣被、勤锻炼身体、多喝水。

21. 让人又吐又泻的诺如病毒

除了流感以外，诺如病毒感染引起的急性胃肠炎是现在学校中较为常见的一种传染病，这种传染病具有发病急、传播速度快、波及范围广等特点，一般在 10 月至次年 4 月较为多见。

诺如病毒具有变异快、传染性强的特点。它的感染剂量非常低，一般不到 100 个病毒就能使人发病。

它也不挑人，所有年龄段的人群它都喜欢“侵扰”，还特别喜欢“欺负”儿童、老人这些免疫力低的人群。

最可恶的是，它对恶劣环境的抵抗力很强，它耐低温、耐酸，不容易被杀灭。

诺如病毒的主要传播方式为粪 - 口传播和接触传播，潜伏期多为 24 ～ 48 小时，最短 12 小时，最长 72 小时。

一旦感染了诺如病毒，发病会非常突然，会出现恶心、呕吐、发热、腹痛、腹泻等症状。儿童患者以呕吐症状为主，成人患者以腹泻症状为多。

诺如病毒感染引起的急性肠胃炎病程有自限性，一般2～3天可恢复，且恢复后无后遗症。得这个病的小朋友需注意补水，以防脱水。目前尚没有针对此病毒的特效药，主要是对症治疗。

22. 如何预防诺如病毒感染

1 注意个人卫生，勤洗手。

2 不吃生冷食品和未煮熟煮透的食物，尽量少到校外的餐厅就餐，特别是无牌无证的街边小店。

3 在诺如病毒流行季节，尽量少去人员密集的公共场所。

23. 诺如病毒感染与食物中毒的区别

王博士，我怎么感觉感染了诺如病毒就像吃坏肚子一样，不就是食物中毒吗？

不一样的，食物中毒和诺如病毒感染是两回事。

1 诺如病毒感染具有传染性，是一种传染病；而食物中毒是没有传染性的。

2 不同年龄段人群感染诺如病毒后的临床表现不一样，成人以腹泻为主，儿童以呕吐为主。而食物中毒，不同年龄段人群表现的临床症状是一致的。

3 诺如病毒感染的高发季节主要在冬季和春季，而食物中毒则是全年都可以发生，夏季较多见。

4 诺如病毒感染的病因是接触了被诺如病毒污染的水、食物、空气等，而食物中毒的病因则是食用了被细菌、毒素或有毒物质污染的食物。

24. 认识一下手足口病

我知道，手足口病就是手上、脚上，还有嘴唇上长小水疱。

嗯，你说的那是手足口病的典型症状。其实手足口病是由肠道病毒感染引起的一种儿童常见传染病，5岁以下的儿童容易感染。

这种传染病一年四季均可发生，以夏秋季节多见，多发生于学龄前儿童，尤以3岁以下儿童发病率最高。

手足口病主要经粪－口途径传播，饮用或食入被病毒污染的水和食物后会感染。密切接触传播也是手足口病重要的传播方式，接触被病毒污染的手、毛巾、衣物、玩具、餐具等都会引起感染。另外，此病还可通过呼吸道飞沫传播。

手足口病的潜伏期为2～10天，平均3～5天，患者在潜伏期之内基本上没有症状。发热，口腔黏膜、手、足、臀部出现疱疹是手足口病的典型症状。

预防手足口病应做到以下几点：

1. 注意手卫生，饭前便后要认真洗手，预防病从口入。
2. 室内应经常通风，做好家庭环境卫生、食品卫生和个人卫生，衣物要经常清洗、晾晒。
3. 尽量少去人员密集的公共场所，减少交叉感染的机会。
4. 手足口病流行季节，教室和宿舍等场所要保持良好通风，定期对玩具、个人卫生用具、餐具等物品进行清洗消毒。

25. 被称为“白色瘟疫”的肺结核

哈哈，不知道了吧！我刚看了一篇关于“肺结核”的科普文章，说他们都是因患肺结核去世的。

哦，这个我还真是不了解啊，你能给我讲讲关于“肺结核”的知识吗？

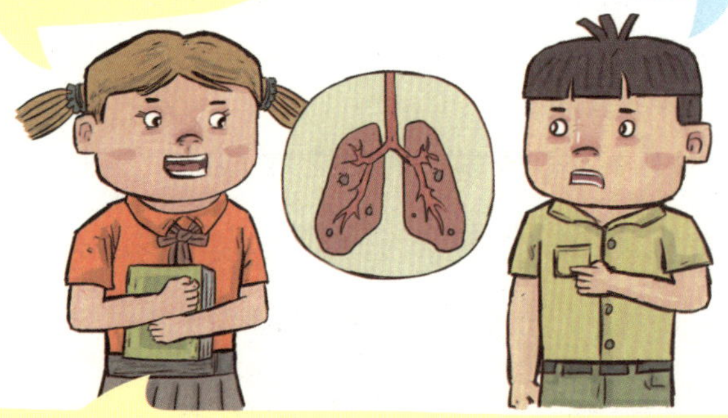

肺结核是人类历史上最古老的疾病之一，过去有一句俗话叫“十痨九死”，“痨”指的就是肺结核。肺结核患者如果得不到有效治疗，不仅日常生活会受到严重影响，而且还有可能传染他人。

在20世纪之前，由于没有有效的治疗肺结核的药物，肺结核的死亡率非常高，且大多数肺结核病人的面色比较苍白，因此，人们称肺结核为“白色瘟疫”。

肺结核是一种经呼吸道传播的慢性传染病，主要通过病人咳嗽、打喷嚏或大声说话时喷出的飞沫传播给他人。

得了肺结核后，会出现连续两周以上的咳嗽、咳痰，同时痰中带有血丝，其他常见的症状还有低热、夜间盗汗、倦怠、乏力、体重减轻等。

哦，“白色瘟疫”真吓人啊！那我们应该怎样预防呢？

预防肺结核传播最主要的措施是及时发现并治好具有传染性的肺结核病人。

1 如果发现有连续咳嗽、咳痰超过两个星期的人，应立即动员他去结核病防治专业机构检查，并按医生要求接受正规治疗。与肺结核病人密切接触的人员也应进行相关检查。

2 同学们应好好锻炼身体、增强体质，养成良好的卫生习惯。

3 做好人员密集场所的通风和环境卫生。

4 为新生儿及时接种卡介苗，卡介苗主要对儿童的结核性脑膜炎、粟粒型肺结核有较好的预防作用。

26. 艾滋病真的很可怕

听说艾滋病是一种不治之症，得了就永远治不好，太可怕了。

所以我们要好好学习一下艾滋病的相关知识，做好防护，做到“知己知彼”，就不会感染艾滋病了。

艾滋病的全名为获得性免疫缺陷综合征。它是由艾滋病病毒，即人类免疫缺陷病毒（HIV）感染引起的一种传染性疾病。艾滋病病毒进入人体后破坏人体的免疫功能，继而发生一系列不易治愈的机会性感染和肿瘤，最后导致患者死亡。所以你知道它的厉害了吧！

艾滋病传播的主要途径有三个：性接触传播、血液传播、母婴传播。

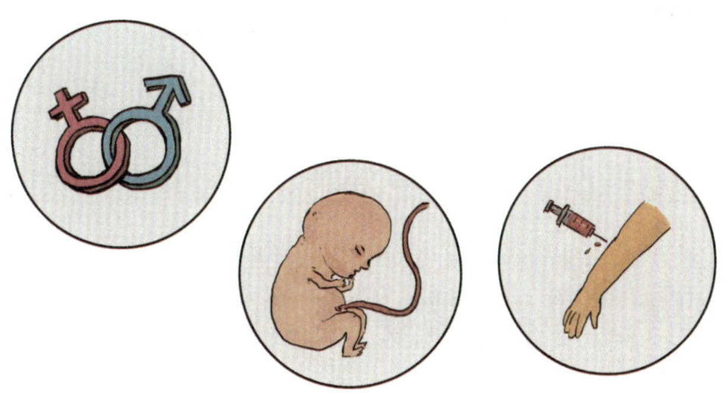

1. 艾滋病感染者的精液或阴道分泌物中有大量的艾滋病病毒，有性接触时艾滋病病毒可以通过黏膜传播艾滋病。

2. 以静脉注射方式吸毒，输入被艾滋病病毒污染的血液或血液制品，使用被艾滋病感染者血液污染而又未经严格消毒的美容、文身、剃须、拔牙、针灸工具都可能被传染。

③ 如果母亲是艾滋病感染者，那么她的孩子可能会在她怀孕、分娩过程中或是母乳喂养时被传染。

27. 艾滋病的症状阶段

① 急性感染期：一般发生在感染艾滋病病毒后 2 ~ 4 周，HIV 侵入人体后，刺激机体产生初期反应，包括发热、淋巴结肿大、头痛、恶心、呕吐、腹泻、肌痛、关节痛等。人在感染艾滋病病毒后，不能马上被检测出来，通常在感染 2 ~ 6 周后，才可以检测到 HIV 抗体。

② 无症状感染期：此期一般持续 6 ~ 8 年，其特点是患者没有明显的症状，是艾滋病的潜伏期。潜伏期内的艾滋病病毒感染者具有传染性。

③ 艾滋病期：表现为全身症状，如持续不规则低热、持续性全身性淋巴结肿大、持续慢性腹泻、三个月内体重下降 10% 以上、盗汗、极度乏力、记忆力减退、反复头痛、反应迟钝乃至痴呆，并继发肺炎、肺结核、肿瘤等。

什么是艾滋病的“窗口期”？

艾滋病的“窗口期”是指从人体感染艾滋病病毒到外周血液中能够检测出艾滋病病毒抗体的这段时间，一般为 2 ~ 6 周。在这段时间内，血液中检测不到艾滋病病毒抗体，但是人体具有传染性。

28. 艾滋病相关高危行为

艾滋病相关高危行为是指容易引起艾滋病病毒感染的行为。

1 通过性途径传播的高危行为：无保护性交、多个性伙伴等。性伴侣越多，感染艾滋病的风险越高。

2 通过血液途径传播的高危行为：静脉注射吸毒；与他人共用注射器或共用其他可刺破皮肤的器械；使用未经消毒的美容、文身、修脚刀具；与他人共用刮胡刀、牙刷；使用未经检测的血液或血液制品。

3 通过母婴途径传播的高危行为：携带艾滋病病毒的女性怀孕、分娩，携带艾滋病病毒的母亲哺乳，都可能导致孩子感染艾滋病病毒。

29. 日常生活接触会不会感染艾滋病

日常生活接触是不会感染艾滋病病毒的。下面这些行为，都不会传播艾滋病病毒。

1 与艾滋病病毒感染者握手、拥抱、礼节性亲吻。

2 与艾滋病病毒感染者一起吃饭、共用餐具。

3 与艾滋病病毒感染者一起使用公共设施，如厕所、游泳池、公共浴池、电话机、公共汽车等。

4 与艾滋病病毒感染者一起工作、学习。

5 购物、使用钞票。

6 咳嗽、打喷嚏、流泪。

30. 恐怖的狂犬病

乐乐，我经常看报道说，人被狗咬了以后，因为没有及时打狂犬疫苗，最后得狂犬病死了。

是啊，我就特别怕狗，万一被狗咬了，那不是死定了？

狂犬病是一种非常可怕的人兽共患传染病，是由狂犬病毒侵犯中枢神经系统引起的急性传染病。

狂犬病毒主要通过咬伤传播，也可由带病毒犬的唾液，经黏膜和皮肤伤口入侵。

狂犬病潜伏期长短不一，短者10天，长者达10余年，多数为1～3个月，患者常于出现典型症状后3～10天死亡。也就是说，一旦狂犬病发作，死亡率就是100%，是十分可怕的！

我们在日常生活中应注意避免与患病动物接触，若被患病动物咬伤、抓伤，应立即进行伤口处理，并注射抗狂犬病免疫球蛋白或免疫血清。

31. 横扫世界的“新冠大魔王”

2020年真是不平凡的一年啊！新冠疫情给我们的生活造成了多么大的影响啊！今天我给同学们讲一下新冠病毒的相关知识吧。

新冠是新型冠状病毒的简称，它是一种冠状病毒，因该病毒的形态在电镜观察下类似于王冠而得名。除了新型冠状病毒外，还有6种已知感染人的冠状病毒，其中，严重急性呼吸综合征（SARS）和中东呼吸综合征（MERS）的传染性和病死率相对其他冠状病毒是较高的。

新冠病毒传播的途径主要有呼吸道飞沫传播、气溶胶传播和接触传播。新型冠状病毒感染的潜伏期为1～14天，多为3～7天。但也有一些个例，潜伏期达20多天，甚至更长。

32. 感染新冠后的主要症状有哪些

新冠病毒感染以发热、乏力、干咳为主要表现；鼻塞、流涕等上呼吸道症状少见；重症患者多在发病一周后出现呼吸困难，严重者快速进展为急性呼吸窘迫综合征、脓毒症休克、难以纠正的代谢性酸中毒和凝血功能障碍。

33. 怎样预防新冠

1 养成良好的个人卫生习惯。讲究个人卫生，咳嗽或打喷嚏时用纸巾掩住口鼻，勤洗手，不用脏手触摸口、眼、鼻。

2 少去人员密集的公共场所。

3 经常开窗通风，保持居室清洁。

4 外出佩戴口罩。不随地吐痰，口鼻分泌物用纸巾包好，弃置于有盖垃圾箱内。

5 养成健康的生活方式。比如，合理膳食，不暴饮暴食，食用肉类和蛋类要煮熟、煮透。不吸烟，少喝酒，不酗酒。劳逸结合，不熬夜，生活有规律。适当锻炼，吃动平衡。

6 做好健康监测。尽可能避免与有呼吸道疾病症状（如发热、咳嗽或打喷嚏等）的人密切接触。自觉发热时，要主动测量体温，及时就医。

7 接种新冠疫苗。

34. 可怕的“黑死病”

这种烈性传染病就是鼠疫，俗称“黑死病”。鼠疫是鼠疫杆菌主要通过鼠蚤传播的烈性传染病，是广泛流行于野生啮齿动物间的一种自然疫源性疾病。

症状主要表现为发热、严重毒血症、淋巴结肿大、肺炎、出血等。主要以鼠蚤为媒介，构成“啮齿动物—鼠蚤—人”的传播方式。鼠蚤叮咬是其主要传播途径。另外，鼠疫也可通过皮肤传播和呼吸道飞沫传播。

预防鼠疫主要应做好下面几点：

1 平时注意饮食卫生。

2 接触动物，尤其是接触野生动物的时候，做好自我防护，不要被动物抓伤、咬伤。

3 如果需要到野外或者疫源地去工作，要做好防护，比如，尽量穿防护效果比较好的衣裤，接触野外动植物需要戴手套和口罩。

第 2 章
"小眼镜儿"请远离我

1. 奇妙的眼睛

给你们猜两个谜语：

第一个：白天开门，晚上关门，仔细看看里面有人。

第二个：容天容地，难容沙粒。

这两个谜语说的是同一个人体器官，大家知道谜底了吗？

眼睛能让我们看见颜色，能让我们看清大小、分清数量、分辨形状，还能让我们辨别距离。

眼睛的构造非常奇妙，它是一个球状体，也称作眼球。主要构造有以下几个部分：

角膜：位于眼睛的最前端，如果眼睛是一部相机，那么角膜就是镜头，它的作用就是透光和折光。

瞳孔：光线进入眼球的通道。

虹膜：就是我们说的黑眼球，虹膜中心的圆形开口即为瞳孔。虹膜的作用是控制瞳孔的大小，犹如相机当中可调整大小的光圈。

巩膜：就是我们说的“白眼球”，质地坚韧，可以保护我们的眼球内部结构。

晶状体：透明、有弹性，像双凸透镜，是重要的屈光介质。

玻璃体：透明胶状物质，具有屈光、固定视网膜的作用。

视网膜：含有很多对光线敏感的细胞，能感受光的刺激，它就像一架照相机里的感光底片，专门负责感光成像。

视神经：是中枢神经，视网膜所得到的视觉信息，经视神经传送到大脑。

2. 眼睛是怎样看到东西的

王博士，我们的眼睛是怎样看见东西的呢？

其实，我们眼球的构造就类似于一部照相机。

我们能看见东西，是因为外界物体发出或反射的光线，经过我们的角膜，由瞳孔进入眼球内部，再经过晶状体和玻璃体的折射作用，

在视网膜上形成清晰的物像。物像沿着视神经传递到大脑皮层的视觉中枢，就形成了视觉。

3. 近视眼是怎么回事

我见很多人都戴着眼镜，他们为什么要戴眼镜呢？

戴眼镜的人大部分是近视眼。

近视眼是什么意思啊？

近视眼也称短视眼，简单地说，就是眼睛只能看清楚近的东西，而不能看清楚远的东西。

先让我们来看一下，正常眼睛和近视眼睛在眼球中成像的区别吧！

正常的眼睛形状如球体，平行光线通过眼的晶状体折射正好聚焦于视网膜上，形成清晰的物像。正常眼睛看远处时是处于眼调节放松状态的，平行光线通过眼的屈光系统后聚焦于视网膜上，这种屈光状态为正视。

近视眼是眼轴过长或角膜、晶状体的曲率过大，导致远处的光线经屈光系统折射后聚焦在视网膜之前，近视眼看近处物体清晰，而看远处物体模糊。

如果确定是真性近视，一般需要佩戴近视镜来矫正视力。近视镜实际就是凹透镜。近视后，佩戴近视镜可以使光线通过合适的近视镜片先分散，再经过晶状体和玻璃体的折射，在视网膜上形成清楚的图像，这样就可以看清远处的物体了。

有趣的发现

其实，我们的眼睛看物体时，物体的成像在视网膜上是一个倒立、缩小的实像，人脑通过自动调节，把从视网膜接收到的图像自动旋转 180°，所以我们看到的图像就成为正立的了。

4. 真性近视和假性近视

有同学检查视力的时候发现近视了，老师让家长带孩子去医院做进一步检查，看一下是真性近视还是假性近视。那么，这两者有什么区别吗？

看近处时，眼睛通过睫状肌收缩，增加晶状体厚度才能让聚集的焦点移至视网膜上。眼睛长时间处在调节状态，造成睫状肌持续痉挛，形成近视状态，看远处就模糊，等过一会儿休息过来又好了，这是假性近视。

如果经常性长时间近距离用眼，眼睛经常性长时间处于调节状态，造成睫状肌经常性长时间痉挛，睫状肌功能不能恢复正常，就会形成真性近视。

如果是假性近视，经过适当的休息和治疗，注意用眼卫生，合理使用眼睛，还有希望恢复正常视力。

如果确定是真性近视，就要通过配镜或其他科学方法矫正视力，科学用眼，以防近视度数向更高发展。

5. 近视眼和远视眼的区别

大家好，我是近视眼！我的特点就是看近处的东西清楚，但看远处的不清楚。

大家好，我是远视眼！我其实就是看近处的东西不清楚，看远处的也不清楚。

我是因为人眼看到的物体在视网膜的前端成像。主要表现为看近处清楚，看远处不清楚。

我是因为人眼看到的物体在视网膜的后方成像。主要表现为看近处不清楚，看远处也不清楚。

远视眼

我需要佩戴近视眼镜（凹透镜）。

我需要佩戴远视眼镜（凸透镜）。

6. 说说“散光”

散光是什么意思啊？

佳佳，你不仅近视，还有一定程度的散光。

散光是指眼球在不同子午线上屈光力不同，平行光线经过屈光系统后不能形成一个焦点，从而形成模糊的影像。

其实说白了，就是看近处和看远处都不清晰，有重影。散光也是可以通过戴特定镜片进行纠正的。

7. 近视对我们有哪些影响呢

近视怎么了？戴眼镜有什么不好的？戴眼镜显得人帅气、斯文、有文化。再说了，只要学习好，近视也无所谓啊，能考上好大学就行。近视不是可以通过做手术治好吗？

佳佳妈妈，你想得太简单了。近视眼不仅仅是看不清东西这么简单，还有很多很多危害，下面我就给你讲一下。

❶ 近视后，会经常感到眼睛干涩疲惫，看东西模糊，严重影响学习、生活质量。

❷ 中高度近视的人，眼轴不断增长，导致眼球凸出、眼睑松弛，从而影响容貌。

3 近视的人在参与某些运动项目和某些特殊工作时会受限制。

4 到了老年后，因为出现老视，近视的人平时需要带老花镜和近视镜两副眼镜。

5 近视患者白内障和青光眼的发病率明显高于正常人。

6 高度近视危害更大，剧烈运动或头部受冲击时，例如，踢足球、打篮球、跳水或遇到急刹车等，可能引起视网膜脱落，造成失明。

警惕高度近视！

高度近视是指 600 度以上的近视，超过 1000 度的近视称为超高度近视！

高度近视患者的眼轴会逐渐变长，视网膜受到牵拉而变薄。做剧烈运动或眼睛受到外伤，很容易造成视网膜脱落，导致视力完全丧失。

8. 我们是怎样得上近视的

佳佳，你怎么才上三年级就近视了啊？

哎，别说了，都是我一些不好的习惯造成的。

❶ 我经常长时间看书、写字，不做眼保健操，也不休息眼睛。

❷ 我写字、读书时总是喜欢歪着、趴着、扭着，坐姿不端正。

❸ 走路时看书是常有的事。

❹ 坐地铁、坐公交车的时候，车晃得再厉害，也不会影响我看书。

❺ 看书的时候，我喜欢躺着看、趴着看，想怎么看就怎么看！

❻ 我还经常在黑乎乎的地方看书、写作业！

❼ 我玩起手机游戏就不能控制自己了，经常一玩就是好几个小时。

❽ 我还有一个特点，就是“懒”！我不喜欢运动，就喜欢天天待在家里面。

所以，我的眼睛就慢慢地看不清远处的东西了，一去检查就发现近视了，真的好后悔啊！

9. 读写姿势“三个一”

作为学生，我们的首要任务就是好好学习。但我们在日常读书、写字的时候，是不是经常犯这样的错误呢？趴着、躺着或伏在桌子上看书、写字，或者握笔姿势不正确。

（1）坐姿不正确的危害：

❶ 长时间坐姿不正确，长时间近距离用眼，导致近视。

❷ 保持正确的坐姿时，人的骨盆处于直立状态，肩、颈、背纵向

呈一条直线。中小学生正处在发育阶段，骨骼相对较软，长期坐姿不良容易造成脊柱弯曲。

（2）握笔姿势不正确的危害：

1. 握笔姿势不正确，易使人弯腰低头，久而久之，造成驼背。
2. 手的力度分布不正确，写字过于费力，导致手臂酸痛。
3. 食指和大拇指握笔位置太低，会影响运笔，还会遮挡视线，对青少年视力造成影响。
4. 写字慢，导致学习效率下降。

那怎样才是正确的读写姿势呢？

读书、写字做到“三个一”：两眼与书本要保持一尺（约 33 厘米）的距离；胸口距离桌椅一拳，看书、写字都要坐正；握笔的手指距离笔尖一寸（约 3 厘米）。

10. 我的脊柱“弯”了

脊柱侧弯是中小学生的一种常见疾病，有的同学站直以后，双肩一高一低，还有的同学出现驼背等，非常不好看。

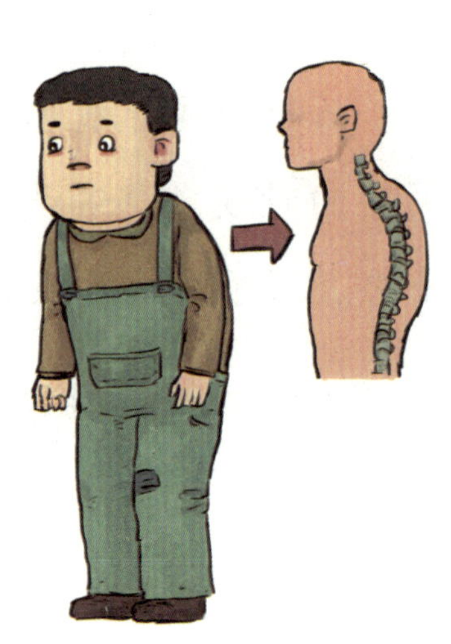

造成脊柱侧弯的主要原因有以下几个：

1. 读写姿势不正确：学校的课桌椅高度和学生身材不相配，或学生长时间保持不正确的读写姿势等，都有可能引起脊柱侧弯。

② 缺乏体育活动和体力劳动：适当地参加体育运动和体力劳动在平衡脊柱两侧的肌肉中起着重要的作用。

③ 营养不良和疾病：缺乏维生素 D 和钙会使骨质松软、肌肉松弛，造成佝偻病性驼背。患有脊柱结核、骨盆倾斜等都可引起驼背或脊柱侧弯。

我们要怎样预防脊柱侧弯呢？

防止脊柱侧弯应从小做起，注意培养儿童青少年采用正确的读、写姿势；学校和家庭都要配备与学生身材相匹配的课桌椅，写字要求左侧采光。用双肩背书包，加强体育锻炼和体力劳动，促进肌肉发育；定期检查，早期发现，及时矫正。

11. 使用电子产品要适度

乐乐平时肯定很喜欢玩手机、看电视、打游戏吧？

当然啦！我差不多一放学回家就玩手机、打游戏，可有趣了。

那你可要注意了，要好好爱护眼睛，别早早就戴上眼镜。

同学们，你们知道长时间玩手机、看电视会对身体产生哪些影响吗？

1 连续长时间盯着手机等电子产品的屏幕，会产生视疲劳，进而引发近视或者增加近视的度数。

2 长时间使用手机，会引起局部皮肤色素沉着、长斑。

3 长时间盯着屏幕，会造成眼部干涩，甚至形成干眼症，也容易诱发结膜炎。

4 长时间低头看手机，还会出现颈椎问题。

所以，我们看手机、看电视和玩游戏，也要养成良好的习惯：

1 减少使用电子产品的时间

课余时间使用电子产品20分钟后，应注意休息，远眺5～10分钟，放松眼部肌肉。非学习目的使用电子产品时，单次不宜超过15分钟，每天累计不要超过1个小时。

2 不要在光线较暗的环境下使用电子产品

晚上尽量不要关灯后看电子产品，使用电子产品时，应保持房间明亮且手机亮度与房间的光线亮度保持一致。

3 看电视应保持一定距离

合适的观看距离约为电子屏幕对角线长度的6倍。

12. 防近视小妙招

萌萌、乐乐，得了真性近视就不能恢复了，我真后悔没有好好保护眼睛。其实，近视眼是可以预防的，所以你们一定要好好爱护眼睛，不要戴小眼镜儿啊！

对啊，预防近视、保护视力应当从我们日常生活中的一点一滴做起，你们应该做好以下这几点。

1 读书写字做到“三个一”。

2 不在走路、躺着时看书，不在晃动的车厢内看书学习。

3 每学习 20 分钟就放松一下眼睛，做一下眼保健操，远眺一下。

4 尽量减少手机等电子产品的使用，单次使用时间不要超过 15 分钟，每天累计不要超过 1 个小时。

5 保证充足的睡眠，小学生每天应至少保证 10 个小时的睡眠。

6 要少吃甜食，吃太多甜食易导致视力下降，要多吃富含叶黄素、维生素 A、钙、锌的食物。

7 一定要坚持体育锻炼，每天保证两个小时的户外运动。

8 定期检查视力，一旦发现近视倾向，马上去正规的眼科医院检查。

第3章

我的牙齿有“虫虫”

1. 牙齿的秘密

同学们，今天给大家猜一个谜语：

兄弟生来白，队伍排两排，

嚼饭又切菜，活儿干得快，

你若猜不出，张口它就来。

对，答案就是牙齿！你们都猜对了吧？

人的一生其实是有两副牙齿的，小宝宝6个月的时候就开始长牙了，到两三岁的时候才长齐一副“乳牙”，共20颗。大概六七岁的时候，乳牙就要“退休”了，开始逐个被新牙替换，一直到12岁新牙才能全部长齐。新牙的名字叫“恒牙”，一共有28～32颗，它们是伴随我们一生的牙齿。因此，我们一定要好好爱护它们。

2. 牙齿生长顺序

牙齿生长顺序图

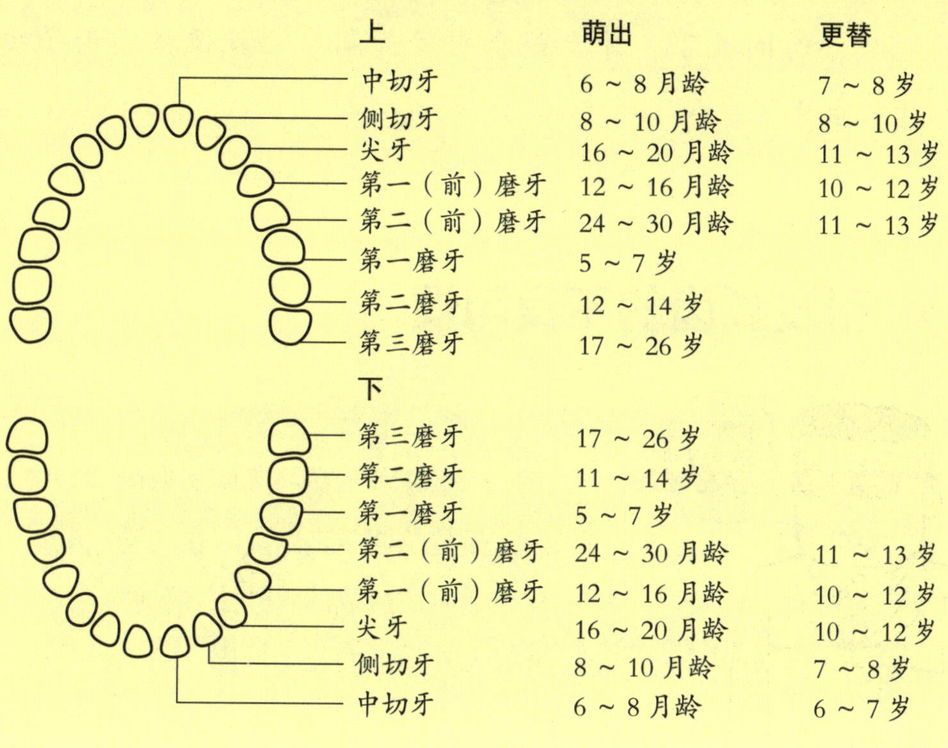

上	萌出	更替
中切牙	6 ~ 8 月龄	7 ~ 8 岁
侧切牙	8 ~ 10 月龄	8 ~ 10 岁
尖牙	16 ~ 20 月龄	11 ~ 13 岁
第一（前）磨牙	12 ~ 16 月龄	10 ~ 12 岁
第二（前）磨牙	24 ~ 30 月龄	11 ~ 13 岁
第一磨牙	5 ~ 7 岁	
第二磨牙	12 ~ 14 岁	
第三磨牙	17 ~ 26 岁	
下		
第三磨牙	17 ~ 26 岁	
第二磨牙	11 ~ 14 岁	
第一磨牙	5 ~ 7 岁	
第二（前）磨牙	24 ~ 30 月龄	11 ~ 13 岁
第一（前）磨牙	12 ~ 16 月龄	10 ~ 12 岁
尖牙	16 ~ 20 月龄	10 ~ 12 岁
侧切牙	8 ~ 10 月龄	7 ~ 8 岁
中切牙	6 ~ 8 月龄	6 ~ 7 岁

3. “虫牙”是怎么回事

哈哈，不是的，“虫牙”并不是由小虫子咬的。我们说的“虫牙”，专业术语叫作龋齿，是儿童青少年的常见病和多发病。世界卫生组织将龋齿列为需重点防治的第三位非传染性疾病。

龋齿是牙齿表面的细菌在作怪。我们每个人的口腔里都存在大量的细菌，许许多多的细菌堆积起来，混杂着它们的代谢产物和我们唾液中的一些成分黏在牙齿的表面形成了一层菌斑。菌斑中的细菌以糖类食物为养料，代谢产酸。我们的牙齿虽然很坚固，但容易受到酸的侵蚀而脱矿，时间长了，牙上就会出现龋洞了，就像被小虫子咬过，所以俗称“虫牙”。

4. 引发龋齿的不良习惯

“虫牙”不是一天两天形成的，而是长期不良饮食习惯和不良生活习惯造成的。“虫牙”的形成无外乎下面几个原因。

❶ 刷牙时间太短。很多人每次刷牙的时间只有一两分钟或者几十秒，其实，每次的刷牙时间必须超过3分钟，这样牙齿和牙膏才能充分接触，起到清洁作用。

❷ 饭后不漱口，睡前吃零食。饭后一定要漱口或者刷牙，龋齿就是食物残渣依附在牙齿上面，饭后没有及时漱口，大量糖分长时间滞留在牙齿上导致的。糖分经过细菌代谢产酸，容易引起龋齿。

❸ 长期吃糖、喝饮料。儿童有爱吃糖果等甜食和爱喝饮料的天性，在就诊的龋齿患儿

中，几乎百分之百喜欢吃糖。儿童生长发育所需要的糖类，其实在一日三餐中就可以获得。也就是说，孩子不需要从糖果中获取营养。

④ **牙刷蘸水刷牙。** 许多人喜欢把牙刷蘸湿了刷牙，因为这样泡沫很多，让人误以为清洁得很干净，其实这种做法是错误的。因为刷牙是靠牙膏中的摩擦剂与牙齿摩擦去除牙垢的，而蘸水会降低摩擦力。

5. 预防龋齿的方法

① 正确的刷牙方法能够有效地清除牙菌斑，减少口腔内的有害菌，从而预防龋齿。临床上推荐水平颤动拂刷法，每次刷牙的时间要足够，每次至少刷 3 分钟。

② 使用含氟牙膏，因为牙膏中的氟可以促进牙齿再矿化，从而预防龋齿。

③ 6 岁以上的儿童在第一恒磨牙萌出后可以做窝沟封闭，能有效预防龋病的发生。

④ 控制好饮食，要减少甜食、碳酸性饮料等的摄入。

⑤ 养成吃完东西漱口的好习惯，使用牙线、牙间隙刷等辅助工具，有利于清除菌斑，龋病的发生率也会降低。

⑥ 定期到医院口腔科检查，发现问题及早治疗，维护口腔健康。

6. 正确的刷牙方法

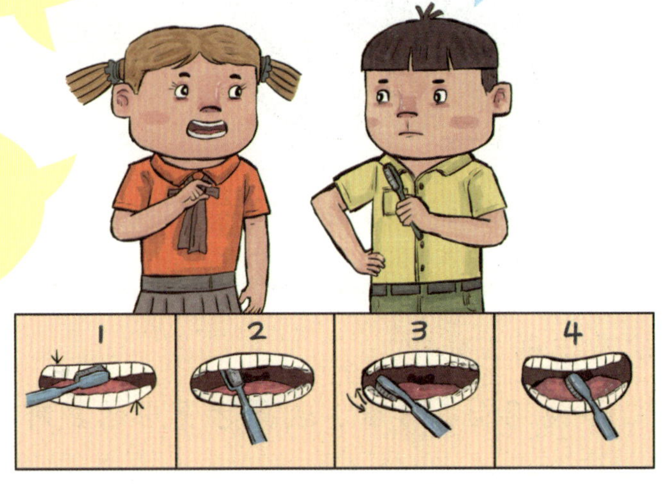

① 牙刷以 45 度角贴于牙龈与牙齿的交界处，使刷毛部分进入牙龈沟内，部分置于牙龈上。轻轻加压后在原地水平颤动 8 ~ 10 次，然后顺着牙面（上牙向下、下牙向上）拂刷。

② 以 2 ~ 3 颗牙为一组，刷完一组后移至下一组。

③ 刷前牙的内侧时，刷头竖放在牙面上，从牙龈侧向牙冠方向拂刷。

④ 刷咬合面时，刷毛指向咬合面，稍用力做前后短距离来回刷。

刷牙时，动作一定要轻柔，保证每个牙齿的每个面都能被刷到！

7. 刷牙的“333”定律

今天，我告诉大家一个关于刷牙的定律，就是“333”定律。

第一个“3”：

一天要刷 3 次牙，即早、中、晚各 1 次。

第二个“3”：

早、午、晚三餐后 3 分钟内刷牙。

第三个“3”：

每次刷牙时间至少 3 分钟。

另外啊，最重要的刷牙时间是晚上睡觉前，如果每天只刷一次牙，一定要选这个时间。

8. 如何选择牙刷

小学生选择牙刷的时候，建议选用牙刷刷头比较小、刷毛软硬适中、经过磨毛处理的牙刷。

建议每 2 ～ 3 个月更换一次牙刷。

9. 如何选择牙膏

我去超市看到了好多好多牙膏，还有各种水果口味的，真想都买下来试一下。

是啊，市面上的牙膏种类繁多，有美白的、防蛀的、抗过敏的，还有儿童专用牙膏。那么，我们应该选哪一种呢？

对于我们儿童青少年，不建议使用大人用的牙膏，因为大人用的牙膏中摩擦剂比较多，同时可能含有甜味剂等。儿童专用的牙膏是针对儿童的发育特点来添加成分的，所以建议同学们用儿童牙膏。因为氟对牙齿有保护作用，所以建议 6 岁以上的儿童使用含氟牙膏。

此外，使用牙膏要注意以下几点：

1. 牙膏的一次使用量，大人一般用 1 厘米长的膏体即可，儿童一般用黄豆大小的牙膏即可。

2. 建议每隔一段时间换用不同品牌的牙膏，因为长期使用同一个品牌的牙膏，可能会造成口腔中的有害菌群耐药，所以最好是各种品牌换着用。

3. 很多人担心长期使用含氟牙膏有害健康，其实只要牙膏的含氟量在安全剂量内，通常不会引起健康问题。

第 4 章

不想做“小胖墩儿”

1. 我算“小胖墩儿”吗

王博士，请问怎么算肥胖呢？是看体形吗？

不是的，我们把身体的营养过剩分为两种：超重和肥胖。

超重是指体重超过了规定的标准，但尚未达到肥胖的状态。

肥胖是指一定程度的明显超重与脂肪层过厚，是体内脂肪，尤其是甘油三酯积聚过多而导致的一种状态。

那么，我们怎么来判定超重和肥胖呢？

今天教大家一个判断是否肥胖的公式，大家可以通过它来判定自己的体重状况。

体重指数（body mass index）简称 BMI，又译为体质指数，是目前国际上通用的判断人体胖瘦程度的指标。

具体计算方法是以体重（千克，kg）除以身高（米，m）的平方，即 BMI= 体重 /（身高 × 身高），单位：kg/m^2。

好了，同学们，现在计算一下你的 BMI 指数，然后对照一下下面的表，看一看你有没有超重或肥胖吧！

要是发现你属于超重或肥胖，那么你就要注意了，要好好控制自己的体重了。

6 ~ 18 岁学龄儿童青少年超重与肥胖界值

单位：kg/m^2

年龄（岁）	男生		女生	
	超重	肥胖	超重	肥胖
6.0 ~	16.4	17.7	16.2	17.5
6.5 ~	16.7	18.1	16.5	18.0
7.0 ~	17.0	18.7	16.8	18.5
7.5 ~	17.4	19.2	17.2	19.0
8.0 ~	17.8	19.7	17.6	19.4
8.5 ~	18.1	20.3	18.1	19.9
9.0 ~	18.5	20.8	18.5	20.4
9.5 ~	18.9	21.4	19.0	21.0
10.0 ~	19.2	21.9	19.5	21.5
10.5 ~	19.6	22.5	20.0	22.1
11.0 ~	19.9	23.0	20.5	22.7
11.5 ~	20.3	23.6	21.1	23.3
12.0 ~	20.7	24.1	21.5	23.9
12.5 ~	21.0	24.7	21.9	24.5
13.0 ~	21.4	25.2	22.2	25.0
13.5 ~	21.9	25.7	22.6	25.6
14.0 ~	22.3	26.1	22.8	25.9
14.5 ~	22.6	26.4	23.0	26.3
15.0 ~	22.9	26.6	23.2	26.6
15.5 ~	23.1	26.9	23.4	26.9
16.0 ~	23.3	27.1	23.6	27.1
16.5 ~	23.5	27.4	23.7	27.4
17.0 ~	23.7	27.6	23.8	27.6
17.5 ~	23.8	27.8	23.9	27.8
18.0 ~	24.0	28.0	24.0	28.0

2. 肥胖对人体有哪些危害

同学们都知道，人一旦太胖，对健康是有害处的，而且也会给生活造成不便。下面，我跟大家说一下肥胖的坏处。

1 儿童期肥胖会增加日后患心血管疾病的风险。

2 肥胖会影响消化系统的功能，肥胖儿童消化系统疾病的发病率明显高于正常儿童。

3 肥胖会影响内分泌系统的功能，进而影响儿童的生长发育。

4 肥胖还会影响儿童的外在形象，易引起社交障碍，危害儿童的心理健康。

5 儿童期的肥胖若得不到及时纠正，易延续到成年，长期肥胖还会引起关节软组织损伤、生殖能力下降、糖尿病、动脉粥样硬化、脂肪肝、胆结石、结肠癌、卵巢癌等疾病。

可以说，肥胖是“万病之源”。所以，同学们，我们应该从现在开始养成良好的饮食习惯，多运动，保证充足的睡眠，科学控制体重，这样我们的身体会一天比一天棒。

3. 肥胖是怎样形成的

“小胖墩儿”是由很多因素造成的，主要有以下几个方面。

1 遗传因素：遗传因素对肥胖形成的作用占 40% ~ 80%。

2 饮食习惯：能量摄入过多，过多的能量转化成脂肪，久而久之，身体里的脂肪堆积得越来越多，就变成一个“小胖墩儿”了。

3 内分泌因素：内分泌功能紊乱也会引起肥胖。

4 运动量：在能量摄入量不变的情况下，消耗的能量减少，体重就会增加。

4. 预防肥胖，应该这样做

我们身边的“小胖墩儿”越来越多，主要与他们饮食不合理、运动较少有关。不想成为“小胖墩儿”，你就要做好下面几点：

（1）合理膳食：

1 食物多样，谷类为主，适当吃些粗粮。

2 尽量少吃高油高糖食品。

③ 少喝或不喝含糖饮料。

④ 多吃蔬菜、水果、豆腐。

⑤ 适量吃瘦肉、鱼虾、蛋、奶等。

（2）培养良好的饮食习惯：

① 合理选择零食，不要边看电视边吃零食。

② 吃饭要细嚼慢咽，不挑食、不偏食。

③ 定时定量进餐，保证每天吃早餐，并且要吃好。

（3）每天参加适量的身体活动：

① 每天至少活动 60 分钟。

② 选择自己喜欢并且能坚持的项目，培养 1 ~ 2 项体育爱好。

③ 每天积极参加学校组织的各项体育运动。

④ 能坐就不躺，不躺着看书、看电视、打电话。

⑤ 能站就不坐，课间 10 分钟离开座位，去散步或做游戏等。

⑥ 能走就不站，多走路少乘车，多走楼梯少乘电梯。

⑦ 每天看电视、使用电脑和玩电子游戏的时间不能超过 2 小时。

⑧ 每做 20 ~ 40 分钟作业，站起来活动 10 分钟。

⑨ 多做家务劳动。

5. 平衡膳食宝塔

第一层为谷薯类食物，注意合理搭配，成人每天应该摄入 200 ~ 300 克，其中应包括 50 ~ 150 克的全谷物和杂豆类。

第二层为蔬菜和水果，成人每天应摄入新鲜蔬菜 300 克以上和新鲜水果 200 ~ 350 克，且两者各有优势，不能只取其一。

第三层为鱼、禽、肉、蛋等动物性食物，成人每天应该摄入 120 ~ 200 克，其中鱼虾类 40 ~ 75 克，畜禽肉 40 ~ 75 克，鸡蛋一个（50 克左右）。

第四层为奶类、大豆和坚果，成人每天应吃相当于 300 克鲜奶的奶类及奶制品，以及 25 ~ 35 克的大豆和坚果。部分坚果的营养价值与大豆相似，豆制品的摄入量需按蛋白质含量与大豆进行折算。

第五层为烹调油和食盐，成人每天烹调油的摄入量不应超过 30 克，食盐的摄入量不超过 5 克。

食物量是根据不同能量需求量水平设计的。不同年龄阶段的儿童需要的能量的水平不同，各类食物的每日摄入量也会有所差别。

6 ~ 10 岁学龄儿童平衡膳食宝塔（2022）

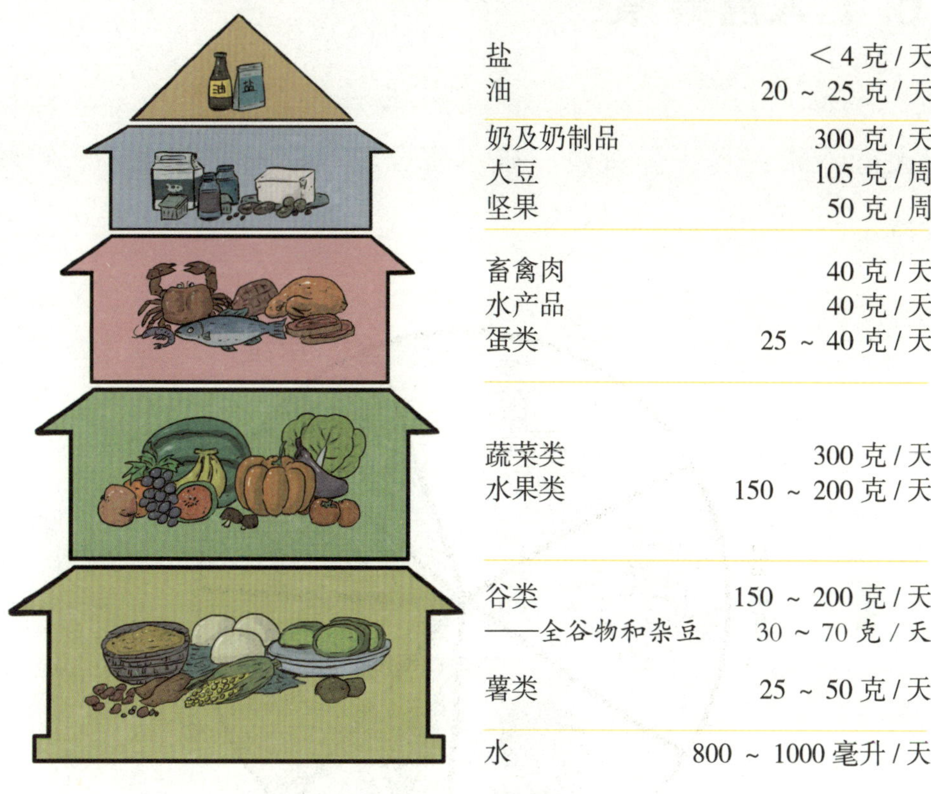

11 ~ 13 岁学龄儿童平衡膳食宝塔（2022）

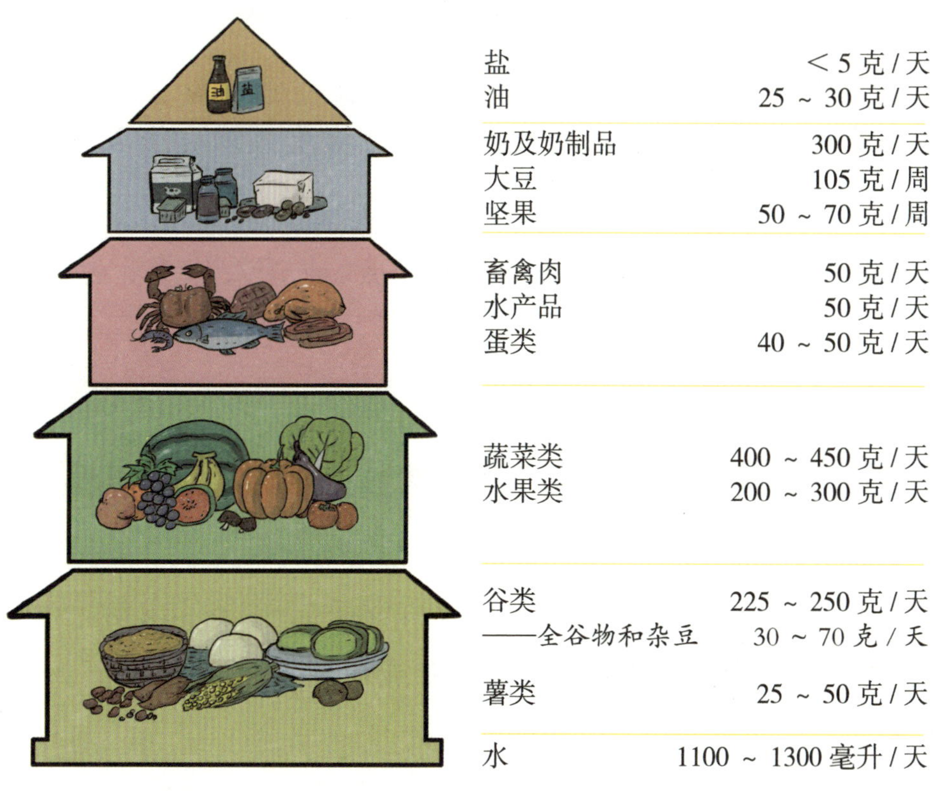

6. 七大营养素

七大营养素：水、蛋白质、碳水化合物、脂肪、维生素、矿物质、膳食纤维。

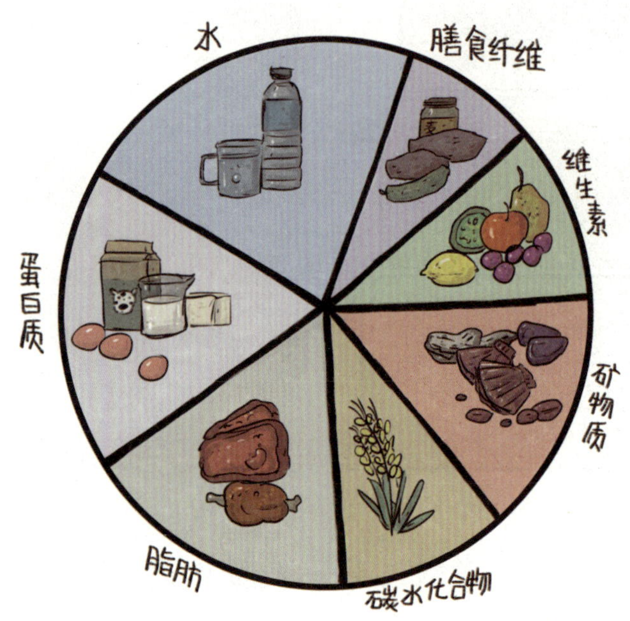

每一种营养素都有自己的功能。

水：是维持生命必需的物质，机体的物质代谢、生理活动均离不开水。

蛋白质：是生长发育必不可少的营养素，也是人体重要的组成部分，参与了人体肌肉、毛发、血液等的组成。

碳水化合物：由碳、氢、氧三种元素组成，它是为人体提供能量的主要营养素，也是构成机体的重要物质。而且，它还能减少蛋白质消耗，调节脂肪代谢。

维生素：是维持人体正常生理功能必需的一类化合物，他们不提供能量，也不是机体的构造成分，但膳食中绝对不可缺少。

脂肪：是组成人体组织细胞的一个重要成分，它被人体吸收后，既能供给能量，又是人体内能量储备的重要形式，维持人体正常的生理功能。

矿物质：是人体不可缺少的营养素，人体必需矿物质包括铁、锌、钙等多种元素。

膳食纤维：是一种不能被人体消化的碳水化合物，有降血糖、降血脂、促进胃肠蠕动等作用。

7. 营养均衡、食物多样

同学们，我们每天吃的食物种类越多越好，因为每种食物都有不同的营养素，而且一定要做到荤素搭配。《中国居民膳食指南（2022）》提出，每人每天要摄入 12 种以上的食物，每周要摄入 25 种以上的食物。

哇，每天 12 种食物很多啊，是一个艰巨的任务！

每天 12 种食物听起来很多，其实合理分配到一日三餐中，也没有多少，我来给你分一下：

早餐：4 ~ 5 种

午餐：5 ~ 6 种

晚餐：4 ~ 5 种

零食：1 ~ 2 种

哇！超过 12 种了，保证完成这个任务！

8. 平衡膳食，荤素搭配

我们前面说，每天要至少吃 12 种食物，但是你不能只吃 12 种蔬菜或者只吃 12 种肉类。要保证各种不同营养素的摄入，这就要求我们一定要做到平衡膳食，荤素搭配，这样才能营养均衡。

食物一定要多样，谷物类为主，适当吃一些粗粮。

尽量少吃高能量食物，例如，各类甜品、油炸食品等，少喝或者不喝含糖饮料。

多吃蔬菜、水果、奶类和豆制品。

适量吃一些瘦肉、鱼、禽、蛋。

在这里，我也提醒同学们，儿童青少年一定不要饮酒！

9. 一日三餐要规律

同学们都知道，我们的一日三餐包括早餐、午餐和晚餐。

那么，一日三餐要注意什么呢？

1 一日三餐时间要固定，早餐要在6～8点之间吃，午餐在11～13点之间吃，晚餐在17～19点之间吃。

2 一日三餐中，两餐间隔4～6小时。

3 每天要按时吃饭，并且要记住“早晨要吃好，中午要吃饱，晚餐要吃少”。三餐能量配比最好是3∶4∶3。

4 晚餐要清淡少量，以谷物和蔬菜为主，不宜吃得太饱。

5 如果晚餐后还要继续学习，应适当准备水果、酸奶等加餐。

10. 一定要吃好早餐

“一日之计在于晨”，早上吃一顿营养丰盛的早餐，对新的一天有着重要的意义。因为早餐是一天中最重要的一顿饭，它不仅提供全天近1/3的能量和营养素，而且关系到同学们的健康和一上午的精力，所以每天必须吃早餐。

不吃早餐的危害有很多。例如：不吃早餐容易出现血糖低，使人精神不佳、影响记忆力、危害消化系统、诱发胆结石等；长期不吃早餐的人还会出现缺铁性贫血和营养不良等。

早餐要营养丰富、种类齐全，至少应保证四类食物的摄入：

谷物类：面包、馒头、包子、粥类、面条等。

奶及豆制品类：豆浆、牛奶、酸奶、豆腐脑等。

蔬菜和水果：黄瓜、西红柿、苹果、香蕉等。

动物性食物：鸡蛋（蒸、煮、炒均可）、火腿、猪肉、牛肉等。

早餐如果包含上述 4 类食物营养最好，包含 3 类食物较好，只含 2 类及以下则说明早餐营养较差。同学们起床后要花 10 ~ 20 分钟完成洗漱，洗漱后即可吃早餐了。

祝同学们每天都有个美好的开始！

11. 每天喝牛奶

奶类是钙和优质蛋白质的重要来源，奶中含有丰富的维生素 A、维生素 B_2 和极易吸收的天然钙质。常喝奶对于增加儿童骨密度、促进生长发育有着重要作用。建议同学们每天保证喝奶（或酸奶）300 毫升，最好在早餐或加餐时喝。

我们经常会见到一些“含乳饮料”，它们并不是真正的“奶”，而是加了一点奶的饮料。通常含乳饮料中的蛋白质含量仅相当于鲜奶的 1/3，所以，含乳饮料不能代替奶。购买牛奶时，请仔细察看食品标签。

如果喝奶后感觉肚子胀，可以选择酸奶。还可以先吃饭再喝奶，尽量不要空腹喝奶。

同学们，回家和妈妈一起去超市，认一认哪些是牛奶，哪些是酸奶，哪些是含乳饮料吧！

12. 多喝白开水

我发现同学们都喜欢喝饮料，而不喜欢喝白开水。其实，对中小学生来说，白开水是最好的“饮料”。为什么呢？

通常，煮沸后自然冷却的水叫白开水。白开水能解渴、调节体温、促进新陈代谢、增进免疫功能、提高抗病能力，习惯喝白开水的人不容易产生疲劳。白开水经济实惠，是最适合儿童青少年的“饮料”。

建议同学们少量多次饮水，可以在每个课间饮水 100 ~ 200 毫升，千万不要感到渴了再喝。小学生每天宜饮水 800 ~ 1200 毫升。果汁、饮料不能代替日常的白开水。天气炎热、出汗较多时，应适当增加饮水量。

13. 一定要少喝含糖饮料

其实我知道你们最喜欢的饮料不是水，而是可乐、奶茶、果汁等，我说的对不对啊？

嗯，我喜欢甜甜的奶茶。

我喜欢喝碳酸饮料，尤其是夏天，冰镇的更好喝！

你们喜欢喝的其实很多是含糖饮料，例如，果汁饮料、碳酸饮料、茶饮等。但是，长期喝含糖饮料，摄入大量的糖，对你们的身体发育是有很多害处的。

1 长期大量饮用含糖饮料可能造成儿童身材矮小，增加发生骨折、龋齿等的风险。

2 含糖饮料中含有大量的糖分，在补水的同时会增加大量的能量摄入，从而引起肥胖。

3 碳酸饮料是指在一定条件下充入二氧化碳气体的含糖饮料。碳酸饮料酸性较高，长期饮用会腐蚀牙齿，引起龋齿和骨质疏松；咖啡饮料中含有咖啡因等成分，儿童饮用后会引起中枢神经亢奋，不利于儿童健康成长。

14. 果汁与果汁饮料

果汁和果汁饮料有区别吗?

当然有啊。果汁是指利用榨汁机将新鲜的果蔬压榨而成的，无任何添加剂的饮品。而果汁饮料是指添加了各种防腐剂、香精、人工色素等人工合成添加剂的饮料，虽然这些添加剂含量有限，但长期饮用也会影响人的身体健康。所以，建议同学们在果汁和果汁饮料之间选择果汁。当然，最好还是直接吃水果。

鲜榨果汁属于纯天然食品，无任何添加剂，榨汁后应尽快喝完。喝果汁的同时，应将果渣一起吃下去，可吸收更多的纤维素，预防便秘。

但是，喝果汁还应该注意：

1. 进餐前不宜喝果汁，以免影响食欲。
2. 果汁不宜加热后饮用，加热会破坏各类维生素。
3. 每天喝果汁不要超过 300 毫升。

15. 不挑食、不偏食

乐乐，你喜欢吃菜还是喜欢吃肉？

当然喜欢吃肉了，家里面妈妈做的肉，我吃得一口不剩，但是我不喜欢吃菜，几乎一口不吃。

我和你不一样，我各种食物都吃，你这属于挑食、偏食。

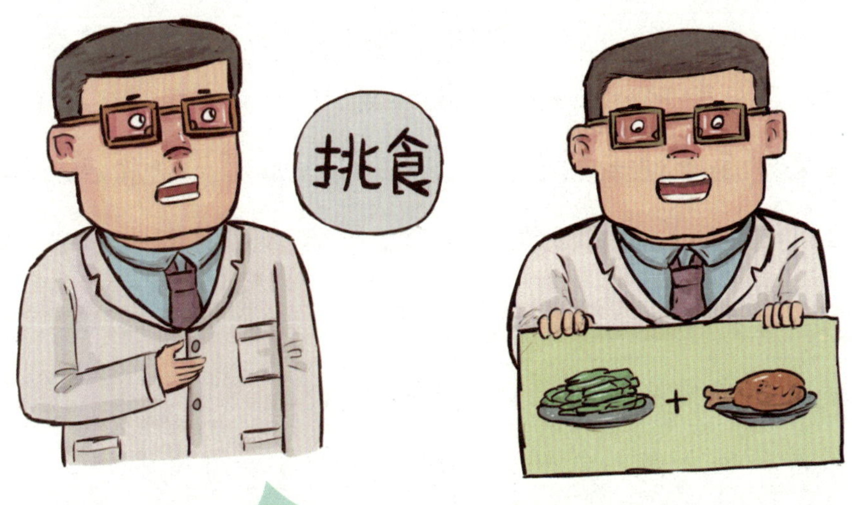

嗯，萌萌说得对。挑食就是指在饮食过程中对食物有较为明显的挑剔。偏食是指只喜欢吃某几种食物的不良习惯。爱吃的多吃，不爱吃的少吃或者不吃，会使身体得不到全面均衡的营养，进而影响身体的生长发育，而且会导致免疫力下降，容易感冒、发烧。久而久之，还会造成营养不良、肥胖、食欲减退、消化道疾病等。

所以，我们一定要均衡膳食，合理搭配，养成良好的饮食习惯，日常饮食应做到：

1. 营养均衡、荤素搭配。
2. 每天定时定量吃好每一餐。
3. 少吃零食，更不要饭前吃零食。
4. 吃饭时间不宜过长，不要边吃边玩或边吃边看电视。
5. 试着食用一些你以前不喜欢的食物，克服心理障碍。

16. 不暴饮暴食

你们吃饭的时候会不会遇到自己喜欢吃的就拼命地吃，哪怕肚子装不下了也使劲吃？

嗯，我有时就这样，尤其是妈妈做了我喜欢吃的红烧肉的时候，我一下子能吃3碗米饭，撑得肚子圆滚滚的。

你这样的饮食习惯可不好，这叫作暴饮暴食，害处还不少呢！

暴饮暴食其实就是吃东西不节制。饿了吃，不饿也吃，吃到肚子撑了还在吃。暴饮暴食的同学容易出现消化不良、肚子痛等情况，并且很容易成为“小胖墩儿”。

避免暴饮暴食的方法：

1. 吃饭喝水时，要放慢速度，细嚼慢咽。
2. 不能见到自己喜欢的食物就猛吃猛喝。
3. 养成定时定量进食饮水的好习惯。

17. 减盐还要控油

1 食盐摄入过多会引发高血压。油脂摄入过多是诱发肥胖的主要原因。

2 酱肉、咸菜、香肠等加工食品都是高盐食物，应少吃。油炸食品和烹调油是油脂摄入的主要来源。

3 食盐每日推荐摄入量：6 ~ 10 岁学龄儿童应不超过 4 克，11 ~ 17 岁青少年不超过 5 克。烹调油每日推荐摄入量：6 ~ 10 岁学龄儿童 20 ~ 25 克，11 ~ 17 岁青少年 25 ~ 30 克。

减少食盐摄入的方法：

a. 自觉纠正口味过咸的不良习惯。

b. 尽量少吃酱菜、腌制食品，以及其他过咸食品。

c. 告诉家长：每餐都使用限盐勺等量具，控制每天食盐的摄入总量；少放酱油，或者使用低钠酱油；少放味精。

减少油脂摄入的方法：

a. 少吃油炸食品，如炸鸡腿、炸鸡翅、炸薯条、油条等。

b. 炒菜时少放油，不要超过《中国学龄儿童膳食指南（2022）》中的推荐摄入量。

c. 尽量少在外就餐，饭店的饭菜油脂含量普遍较高。

所以，今天给同学们布置一个家庭作业，就是回去告诉你们的爸爸妈妈：

做饭的时候要选择健康的烹调方法，如蒸、煮、炖、焖、拌、急火快炒等，烹调食物时尽可能少用烹调油。最好使用带刻度的油壶，更好控制家庭每日用油总量。

18. 令人又爱又恨的油炸食品

你知道我最喜欢吃什么食物吗？我最喜欢吃炸鸡、炸肉串、炸丸子，吃到嘴里面那个香啊，满嘴都是油，太好吃了！

对对，我也喜欢吃，尤其是炸鸡腿，太香了！

哎！油炸食品其实是一种不健康的食品，油炸食品虽然酥脆可口、香气扑鼻，能增进食欲，但是能量高、营养素种类少，你们常吃的话会造成营养素缺乏。长期食用油炸食品，能量摄入过多，容易引起肥胖。如果油炸食品没有炸熟、炸透，食物中的病原微生物就不能被有效杀灭，容易引发胃肠道疾病。

此外，食用油在高温下反复使用会产生致癌物质。不少家庭习惯把炸过食品的油存放起来，反复使用，这种做法对身体是非常有害的。所以，营养专家建议，儿童青少年每月食用油炸食品的次数不超过3次。你记住了吗？

19. 多吃蔬菜和水果

1 蔬菜、水果是维生素、矿物质、膳食纤维等营养素的重要来源。蔬菜、水果含水分多，能量低。

2 建议6～10岁学龄儿童每天吃新鲜蔬菜至少300克，新鲜水果150～200克；11～13岁学龄儿童每天吃新鲜蔬菜400～450克，新鲜水果200～300克。

3 每天必须吃蔬菜和水果，水果不能代替蔬菜，蔬菜也不能代替水果。

4 颜色较深的蔬菜和深色的水果含有更多的营养素，平时应该多吃深色的蔬菜和水果 。

5 多吃蔬菜、水果有助于控制体重，还可以预防癌症、心血管疾病、糖尿病等。

20. 选择健康零食

每一位小朋友都喜欢吃零食，那么我问一下萌萌，你知道什么是零食吗？

零食就是饼干、辣条、巧克力……

哈哈，你说的这个是食物的名称，零食是指正餐（早、中、晚餐）以外所吃的所有食物和饮料，但不包括水。

同学们一定要有节制地吃零食，因为零食中的营养素远远不如正餐食物中的营养素均衡、全面。经常吃零食会影响正餐摄入，而且会引起龋齿、肥胖等问题。

同学们在选择零食的时候要记住：应选择营养价值高、卫生健康的食品当零食，例如，面包、花生、新鲜水果蔬菜、牛奶、酸奶等；不要选择含糖饮料、膨化食品、油炸食品及路边摊食品。

不能在饭前或饭后半小时内、看电视时、临睡前吃零食。而且零食摄入量不宜过多，以不影响正餐食欲和食量为宜。

21. 多吃豆制品

你知道豆类都包括哪些吗?

这难不倒我，让我给你数一下：黄豆、绿豆、红豆……

豆类是营养丰富的好东西，我们一定要多吃。

大豆含有丰富的优质蛋白、不饱和脂肪酸、钙及B族维生素，是我国居民膳食中优质蛋白质的重要来源。此外，它还提供膳食纤维、矿物质、维生素E等营养素。豆类及其制品营养价值非常高，与动物性食品相比，豆类及其制品物美价廉，有“植物肉”的美称，同学们应该多吃。

嗯，豆类及其制品含有丰富的优质蛋白质、钙等营养素。豆制品的种类也非常丰富，包括豆腐、豆芽、腐竹、豆浆等。

豆制品有非常高的营养价值，建议同学们每天吃相当于 15 克大豆的豆制品。另外，喝豆浆的时候一定要注意，豆浆必须煮熟、煮透才能喝，不然会引起中毒。

除豆类及其制品外，建议每人每周吃不少于 50 克的坚果类食品。

22. 如何看食品标签

同学们，大家看，食品包装袋上都有这么一个标签，这个叫作营养标签。

营养成分表

项目	每 100 克（g）或 100 毫升（ml）或每份	营养素参考值 % 或 NRV%
能量	千焦（kJ）	%
蛋白质	克（g）	%
脂肪	克（g）	%
碳水化合物	克（g）	%
钠	毫克（mg）	%

国家标准《预包装食品营养标签通则》（GB 28050-2011）规定，预包装食品应当在标签上强制标示能量（“1”：能量）和四种核心营养素（“4”：蛋白质、脂肪、碳水化合物和钠）含量值（即“1+4”）及其占营养素参考值（NRV）的百分比。也就是说，这五种营养成分是必须标注的。

❶ 看原料排序。配料中各原料是按照用料多少排序的，用料最多的排第一位，用料最少的排最后一位。

❷ 看营养素含量。营养素是人们摄取的重要成分，一般蛋白质、矿物质、维生素的含量越高越好。

❸ 看保质期。保质期指产品在标签指明的贮存条件下保持其品质的期限，过了这个期限便不能保证食用的安全性。

❹ 看认证标识。很多食品的包装上有个质量认证标志，比如，有机食品标志、绿色食品标志、无公害农产品标志、原产地认证标志等，还有生产许可标志，这些标志代表着产品的安全品质或管理质量。

23. 充足的睡眠很重要

我最喜欢睡觉了，我能一觉睡到中午。

你可真是个大懒虫啊！我可不喜欢睡懒觉，我每天就睡 7 ~ 8 个小时。

你们两个的睡眠习惯都不是健康的行为习惯。小学生必须要保证充足的睡眠，这样能够消除疲劳、增强抵抗力、促进生长发育。但是，也不能像乐乐那样一觉睡那么长时间，睡得太多也会造成头昏脑涨、乏力。

那么，我们每天睡多长时间才能保证充足的睡眠呢？

小学生每天要保证 10 小时的睡眠；初中生每天要保证 9 小时的睡眠；高中生每天要保证 8 小时的睡眠。

此外，同学们应做到早睡早起，一定不要熬夜哦！

24. 天天做运动

建议同学们做到以下两点：

① 不要长时间坐着看电视、上网，否则容易引起近视、超重、肥胖、肌肉韧带松弛、心肺功能降低等。

② 每天利用课间、体育课、放学后的时间参加体育锻炼，每天累计至少 1 个小时的中高强度运动，例如，快走、跳舞、打球、跳绳、跑步等。

坚持每天运动好处多多：

① 可以促进骨骼、肌肉生长，使体格健壮。

② 增强心肺功能，预防肥胖、高血压等慢性疾病。

③ 增强身体抵抗力，不易生病。

④ 消除脑力疲劳，愉悦心情，提高学习效率。

⑤ 增强自信，提高自身社会适应能力。

第5章

食品安全很重要

民以食为天，食以安为先。食品安全和我们的生活息息相关，切不可忽视生活中的食品安全问题。

从出生开始，人就懂得饿了要吃东西。如果人是河流，那么食物就是河流的源泉。源头一旦受到污染，那么轻则导致我们出现呕吐、腹泻等食物中毒症状，重则使我们的生命受到严重威胁。

所以，我们一定要重视食品安全问题！

1. 食物中毒是怎么回事

食物中毒是指摄入了含有生物性、化学性有毒有害物质，或者把有毒有害物质当作食品摄入后出现的非传染性的急性、亚急性疾病（不属于传染病）。

一旦发生食物中毒，一般会首先出现胃肠道反应，表现为腹痛、上吐下泻等。有些毒素被吸收进入血液，就会损害肝脏、肾脏等脏器，甚至造成死亡。而且，不同的细菌或毒素引发的中毒症状及严重程度是不一样的。

2. 食物中毒分类

我们将食物中毒按照病原分为五大类：

❶ 细菌性食物中毒，例如，沙门菌、副溶血性弧菌、大肠杆菌等引起的食物中毒。

❷ 化学性食物中毒，例如，误食被有毒化学物质污染的物质引起的食物中毒。

❸ 植物性食物中毒，例如，进食苦杏仁、发芽马铃薯等引起的食物中毒。

❹ 动物性食物中毒，例如，食用处理不当的河豚、变质的鲐鲅鱼等引起的食物中毒。

❺ 真菌性食物中毒，例如，误食霉变甘蔗、赤霉病麦等。

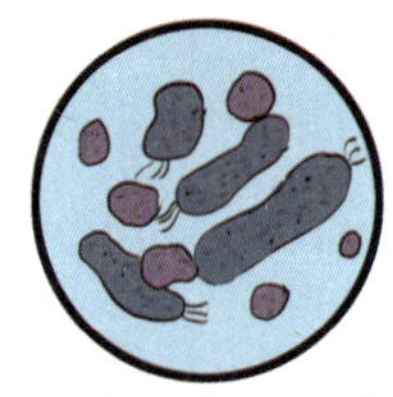
细菌性食物中毒

化学性食物中毒

植物性食物中毒

动物性食物中毒

真菌性食物中毒

3. 食物中毒有什么特点

1 食物中毒病人在相近的时间内均食用过某种共同的中毒食品，未食用者不发病。

2 潜伏期短，发病急骤，短时间内可能有多人同时发病。

3 所有中毒病人的临床表现基本类似，病程短。

4 停止食用中毒食品后，人群中不再有新发病例。

5 人与人之间无传染性。

6 有一定的季节性，例如，细菌引起的食物中毒在夏秋季节高发。

4. 细菌性食物中毒最常见

不知道大家有没有看到过旅行团发生食物中毒的报道，他们中很多人是食用了未煮熟的海产品或被细菌污染的食物而中毒的。细菌性食物中毒是我们日常生活中最常见的食物中毒。

细菌性食物中毒的特点：

1 细菌性食物中毒经常为集体暴发起病，发病者均食入同一种被污染的食物。

2 多发生于夏秋季，根据临床表现的不同，分为胃肠型食物中毒和神经型食物中毒。

③ 潜伏期短，突然发病。胃肠型食物中毒较多见，以恶心、呕吐、腹痛、腹泻为主要表现；神经型食物中毒以眼肌、咽肌瘫痪等神经症状为主。

④ 病程较短，多数在 2 ~ 3 日内自愈。

5. 如何预防细菌性食物中毒

① 首先，当然是不要吃不新鲜的食物。购买肉类、海鲜等动物性食物时，一定要注意其新鲜度；购买后，尽快带回家冷藏，以保食物新鲜。

② 生、熟食物分开存放、处理，避免交叉污染。

③ 尽量吃熟食，尤其是海鲜、肉类等动物性食物，尽量烹调至熟透再吃。

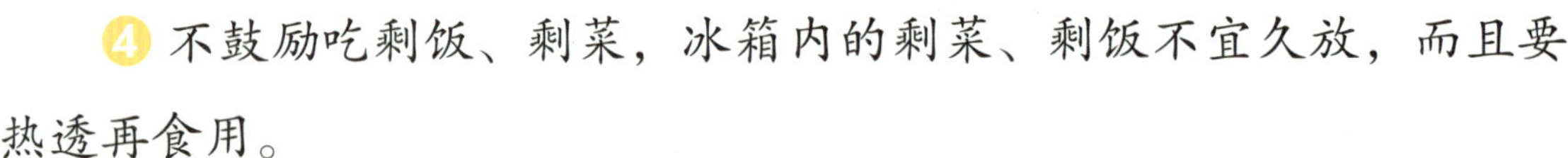

④ 不鼓励吃剩饭、剩菜，冰箱内的剩菜、剩饭不宜久放，而且要热透再食用。

⑤ 处理任何食物前，记得先把双手洗干净。

6. 毒蘑菇很可怕

毒蘑菇又称毒蕈，是指食用后引起人或畜禽中毒反应的大型真菌的子实体。我国目前已知的毒蘑菇有 400 多种，大部分毒蘑菇的外观与可食用野生菌相似，易造成误食。我国每年都有毒蘑菇中毒事件发生，以春夏季最为多见，常致人死亡。目前确定毒性较强的蘑菇毒素主要有鹅膏肽类毒素、鹅膏毒蝇碱、光盖伞素、鹿花毒素、奥来毒素等。

如何分辨毒蘑菇?

一看颜色。有毒蘑菇的菌面一般颜色鲜艳，有红、绿、墨黑、青紫等颜色，特别是紫色菌面的蘑菇，往往有剧毒，采摘后易变色。

二看形状。无毒的蘑菇通常菌盖较平，伞面平滑，菌柄下部无菌托，上部无菌轮；有毒的蘑菇往往菌盖中央呈凸状，形状怪异，菌面厚实、板硬，菌柄上有菌轮、菌托，菌柄细长或粗长，易折断。

三看分泌物。将采摘的新鲜野蘑菇撕断，无毒蘑菇的分泌物一般清亮如水（个别为白色），菌面撕断不变色；有毒蘑菇的分泌物往往浓稠，呈赤褐色，撕断后菌面在空气中易变色。

四闻气味。无毒的蘑菇一般有特殊香味，有毒蘑菇常有怪味。

但是，鉴别毒菌并不容易，最保险的办法就是在野外不要轻易尝试不认识的蘑菇。

7. 有毒的动物性食物

同学们有没有听说过河豚？河豚肉质细嫩、鲜美，非常好吃，但河豚有毒性，一旦毒素清理不干净，就很容易引起食物中毒，甚至死亡。这种食物中毒就是动物性食物中毒，除河豚之外，还有很多有毒动物也会引起食物中毒。

一些动物本身含有某种天然有毒成分，或由于储存条件不当形成某种有毒物质，人食用后易造成中毒，例如，河豚中毒、鲭鱼中毒等。

预防动物性食物中毒的重要方法：一是一定要认识这些可能引发食物中毒的动物性食品；二是对于可食用的动物性食品，要做好储存，防止腐败变质，保证食用时新鲜。

8. 少吃路边摊

1 路边摊有可能用的是地沟油，食用后危害身体健康。

2 路边摊以设在马路边上为主，灰尘、尾气等的危害要比在室内吃大得多，长此以往会引起呼吸道疾病。

3 路边摊的餐具往往没有经过消毒处理，使用不卫生的餐具容易引起传染病。

4 路边摊上的食品多为烧烤、麻辣烫、炸串等，常吃这些食品对我们的健康是不利的。

所以，同学们一定不要受到路边摊美味的诱惑，要紧绷食品安全这根弦。

9. 养成良好的饮食习惯

从小养成良好的饮食习惯，做到营养饮食、安全饮食，将对一生的健康有益。

那么，我们应该怎样去做呢？

1 食品安全牢记心中。要注意饮食卫生，不去路边摊买油炸食品等各类小吃。街头食品卫生得不到有效保证，空气中的细菌、病毒随时会落在你的食物上，跟着你的食物进入你的身体。

2 购买食品时，一定要购买正规厂家生产的合格产品。仔细检查食品包装标识是否齐全，是否仍在保质期内，食品是否出现发霉、变质等情况。

3 食物要煮熟、煮透食用，尽量不吃生鲜或未经彻底加热的鱼、虾、蟹、蛙和水生植物；不喝生水，不吃生的蔬菜；不用盛过生鲜水产品的器皿盛放其他直接入口的食品；加工过生鲜水产品的刀具及砧板等必须清洗消毒后再使用；不吃不新鲜的虾、甲鱼、牛蛙、蟹等水产品；不吃野生动物。

4 从冰箱取出的剩菜剩饭等食物要煮透。不仅要给食物消毒，还要定期清洁冰箱，尽量少吃长期冷冻食品。

5 不吃不新鲜的食物和变质食物；不吃来路不明的食物；注意食品保质期和保质方法；不自行采摘蘑菇和其他不认识的食物食用；食用芸豆等豆类食品时，一定要充分加热；不吃发芽、发霉的土豆和花生；一定不要采摘和食用刚喷洒过农药的瓜果蔬菜。

第6章

科学做运动

1. 适宜的运动强度

萌萌，我今天又学会了一种花式跳绳，放学后我们去操场上比赛跳绳，看谁能一口气跳够500个，好不好？

同学们，乐乐说要一口气跳够500个，这可不是适宜的运动强度哦！过度运动将引起身体机能下降、免疫力降低，导致感冒等上呼吸道疾病，甚至引起横纹肌溶解症，导致肾衰竭。而运动负荷不足则会导致体育锻炼的效果不佳。

那么，什么是适宜的运动强度？如何确定适宜的运动强度呢？

适宜的运动强度是指能够达到锻炼目的，又不会给身体造成过重负担的运动强度。

同学们可以用自我感受和运动时的心率来衡量运动强度。运动时感觉有点累，心跳、呼吸加快，但仍然可以在运动的同时轻松讲话，这个程度的运动就是适宜的。另外，能够使运动时的心率维持在最大心率的 60% ~ 80% 的运动强度也是适宜的运动强度。最大心率可以用“220 − 年龄（岁）”来进行计算。

明白了！我们在运动的时候不能一味地贪多而不顾及自己的能力，而要选择适合自己身体需要和能力的运动强度！

2. 运动前的准备活动

乐乐在体育课上没有认真做准备活动，结果在运动中出现了肌肉拉伤，一连好多天都没能参加体育活动。

为什么要在运动前做准备活动？

不运动时，人体各组织器官的生理活动都比较缓慢，一旦运动量加大，各种生理活动都要加强，如肌肉迅速收缩、心脏跳动的次数增加、血液循环加快、呼吸加深加快。各组织器官生理活动状态的转变需要一个过程。准备活动能提高中枢神经系统的兴奋性和心肺功能；增加肌肉的血流量，使体温升高；使肌肉、肌腱、韧带的弹性和延展性处于良好状态，从而使机体各方面的功能协调一致，逐步达到运动的最佳状态，减少或避免运动伤害的发生。

如果运动前不做准备活动，那么身体各组织器官的功能就不能满足运动的需要，容易发生肌肉拉伤、关节扭伤，使身体受到伤害。

为什么剧烈运动后要做整理活动？

整理活动可加快血液向心脏回流，增加血流量；可消除运动时产生的乳酸等代谢产物，预防肌肉酸痛；可缓解疲劳，加速体能的恢复。

3. 运动与饮食

同学们，在运动前后或者运动过程中如果有不恰当的饮食行为可是会伤害身体的哦！下面，我讲一下在运动前后及运动过程中我们应该注意的饮食问题。

1. 饭前或饭后不宜做剧烈运动。
2. 吃完饭一小时后再运动。
3. 运动后休息半小时再吃饭比较合适。
4. 运动前、运动中和运动后都不要大量饮水。
5. 如果运动后感到干渴，可以先含水漱漱口，然后再喝点温开水。
6. 由于随汗排出的盐分较多，可以喝点含少量盐的温开水。

饮食不当对身体的危害有哪些？

如果刚运动完就急着进食、饮水，会增加身体负担，影响身体健康。

运动时大量血液跑去了四肢，留在胃肠道的血液较少，若血液

还没来得及归位，胃肠中就涌入新食物，肠胃一时消化不了，胃痛、恶心、腹胀、腹泻等症状会随之而来。

剧烈运动后进食，会使呼吸道血管从扩张状态突然变为收缩状态，会出现咳嗽、胸闷症状，易造成气管、支气管损伤。

4. 运动时如何补水

下面让我们一起来看一下，在运动时该怎样给身体补充水分吧！

① 运动前 2 小时喝约 500 毫升的白开水。

② 在运动过程中，如果运动时间超过 1 个小时，就应该喝些电解质饮料，补水的同时补充电解质。不管是喝水还是喝电解质饮料，都要喝温的，不要喝冰的。一定要小口小口地喝，切忌为图痛快一饮而尽。

③ 因运动过程中大量失水，运动后则更应该补水，但一次的量应控制在300毫升以下。待休息一段时间后，再加大饮水量，切忌饮用生水、冷水。

5. 运动后如何洗澡

运动后体温升高，不要马上洗澡，待汗液消退后再用温水冲洗。不能用冷水或过热的水洗澡。

运动后为什么不宜马上洗澡？

① 运动时，身体为了加强散热，血液循环加速，皮肤毛孔大量开放。运动停止后，血液的流动和心率虽然

会放慢，但仍会持续一段时间才会渐渐趋于平稳。

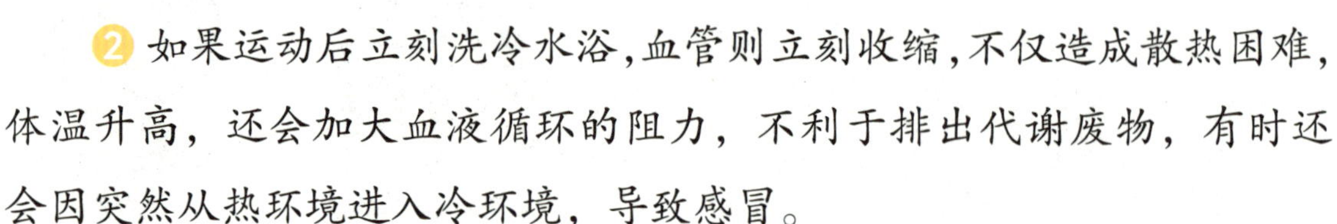

② 如果运动后立刻洗冷水浴，血管则立刻收缩，不仅造成散热困难，体温升高，还会加大血液循环的阻力，不利于排出代谢废物，有时还会因突然从热环境进入冷环境，导致感冒。

③ 如果运动后立刻洗热水浴，会增加皮肤的血流量，不利于心脏、大脑等器官的供血，很容易导致心脏和大脑的血供不足，容易出现头

晕眼花、全身无力等症状，严重者还会引起血压下降和晕厥。

所以，最好等心率恢复到正常状态再洗澡。运动后先把汗擦干，拉伸结束 5 ~ 10 分钟后，再喝一杯温开水，之后就可以洗热水澡了。

6. 一天中的最佳锻炼时间

下午 2 ~ 4 点是人体运动能力最强的时段，而且此时阳光充足、风力较小，是锻炼的最佳时间段。

7. 如何控制体重

研究表明，儿童时期的肥胖会增加成年后患高血压、冠心病等疾病的风险。因此，同学们从小就要注意控制体重。如果已经出现肥胖，应做到以下几点：

1. 控制饮食，使摄入的热量少于消耗的热量，少吃多消耗。
2. 增加体育锻炼，每天要坚持超过 30 分钟的中等强度的有氧运动。宜选择健身操、长跑、游泳等全身性运动，短时间的高强度运动对减肥帮助不大。
3. 改变不良生活方式，比如，少吃甜食、不暴饮暴食，多步行、少坐车等。

8. 运动过度

有一次，天气比较冷，乐乐在打网球时穿得比较厚，虽然活动起来不是很方便，但他仍然玩得很高兴。然而，打了一段时间后，乐乐在做一个快速击球的动作时，猛地感觉自己的左脚好像不听使唤了，又酸又痛。乐乐赶紧去医院就诊，经过相关检查，被诊断为左脚韧带撕裂。

乐乐这是怎么回事啊，不就是正常的运动吗？

乐乐同学这种情况属于运动过量了。运动是保持健康、延缓衰老的重要手段。然而，运动量并非越大越好，运动过量会使机体免疫功能受到损害，影响健康。下面，让我们一起看看运动过度有哪些表现吧！

运动过度的征兆

1. 头晕、心慌。
2. 精神难以集中。
3. 恶心、食欲下降。
4. 疲劳感持续数日不缓解。

所以，为了避免运动过量对身体造成伤害，每个人在运动时都要循序渐进、量力而行，根据自己的年龄和身体状况选择运动项目。长期不运动的人突然剧烈运动，很容易运动过量。

而且，同学们应该选择多样化的运动。不要局限于某一两项自己喜欢的运动，要多尝试一些运动项目，体验多元化的运动乐趣。每周进行几种不同的运动项目，既全方位锻炼了身体，又可以避免单一运动造成的身体劳损哦！

9. 运动中的低血糖

萌萌早上起晚了，害怕迟到，于是没有吃早饭就急匆匆地跑到了学校。第二节课后是课间运动时间，萌萌做到一半就感觉头晕眼花、浑身发抖，幸亏老师及时将萌萌送去了医务室。

运动性低血糖发生的原因

空腹运动容易导致肝糖原储备不足。人处于饥饿状态时，部分糖原已经转化为葡萄糖来供能，此时再去运动，又会消耗大量糖原，这样就容易引起低血糖。

低血糖的症状

头晕、心悸、乏力、颤抖、出汗、面色苍白等。

低血糖的处理方法

立刻平卧、注意保暖，对于清醒者，可给予浓糖水、巧克力、含糖饮料及少量高糖食物。对于发生晕厥者，立即指掐或针刺急救穴位，并静脉注射 50% 的葡萄糖 40 ～ 60 毫升。

第 7 章

远离烟草，拒绝毒品

1. 吸烟为什么会上瘾呢

我爸爸特别喜欢吸烟，不知道香烟里面有什么好东西，让他爱不离口。妈妈天天让他戒烟，但是我爸爸就是戒不了。

想知道吸烟为什么会上瘾，首先要知道吸烟时人体吸进去的是什么。香烟烟雾里面的主要有害成分有焦油、尼古丁、一氧化碳等，其中使人上瘾的主要物质是尼古丁。尼古丁会使大脑中的多巴胺分泌增加，使人产生愉悦感，同时也产生依赖。一个人经常抽烟的话，烟瘾会越来越大，一旦不吸，就会出现烦躁、情绪低落、食欲减退、浑身不适等症状。

2. 吸烟的危害

吸烟真的是有百害而无一利啊！下面，看看它的主要危害吧！

① 长期吸烟会使肺的结构和功能受到损害，使人的肺活量下降，长期吸烟易引发慢性支气管炎和肺气肿。

② 长期吸烟会促进动脉硬化，引起心脑血管疾病。

③ 长期吸烟会引起肺癌，还是口腔癌、鼻咽癌、食管癌等恶性肿瘤的诱发因素。

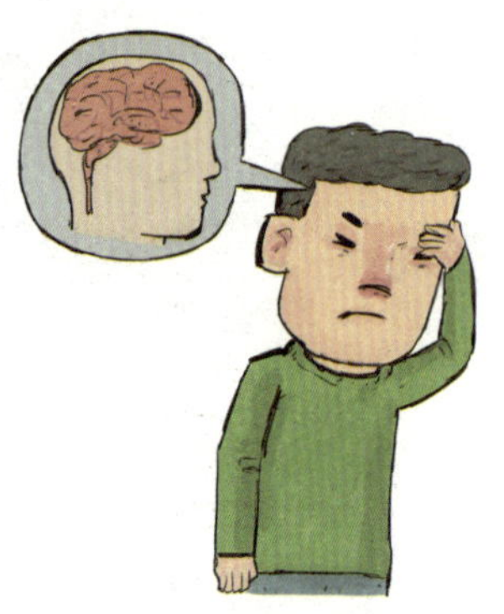

④ 长期吸烟会损害人的神经系统，导致思维迟钝、记忆力下降。

⑤ 长期吸烟会损害人的泌尿生殖系统，导致生育力下降。

⑥ 长期吸烟会使人的嗅觉、味觉器官迟钝。

⑦ 长期吸烟会影响人体免疫功能，还会加速衰老。

⑧ 长期吸烟会危害口腔健康，不仅会使牙齿染色，还会引起牙周病。

⑨ 吸烟对糖尿病患者的危害极大，极易引发严重并发症。

⑩ 长期吸烟还会引起骨质疏松，增加发生骨折的风险。

3. 拒绝吸烟的技巧

儿童青少年一定不要吸烟，如果有人诱导你吸烟，你应该怎样做呢？

①明确表示自己不吸烟或找借口拒绝吸烟；②礼貌地反复谢绝，坚持不伸手接别人递送的烟；③在别人让烟时，找借口暂时离开。

对，乐乐说得非常好，同学们不仅要在儿童青少年时期不吸烟，成年以后也不要吸烟，你们一定要牢记在心！

4. 被动吸烟

“被动吸烟”也就是“吸二手烟”，要比主动吸烟吸入的有害物质还要多。被动吸烟其实就是自己不吸烟，但是周围的人吸烟，你也会不自觉地吸入烟雾。所以，同学们不仅要自己不吸烟，平时还要远离那些在公共场合吸烟的人！

5. 如何排出吸入体内的二手烟

如果大家在公共场合吸入了二手烟，可以通过以下方法将有害物质排出，以减少二手烟对身体的影响。

① 多吃新鲜蔬菜水果，尤其是富含胡萝卜素及维生素C的蔬菜水果，因为维生素具有抗氧化的功能，多吃蔬菜水果可以减轻香烟烟雾中的有害物质对身体的伤害。

② 多喝水，多排尿；多运动，多排汗。这样可以加速排出吸入体内的尼古丁等有害物质。

同学们，在室内的公共场所吸烟是违法的，如果我们在公共场所发现有人吸烟，可以上前提醒或向公共场所管理人员反映。

6. 吸毒对儿童青少年的危害

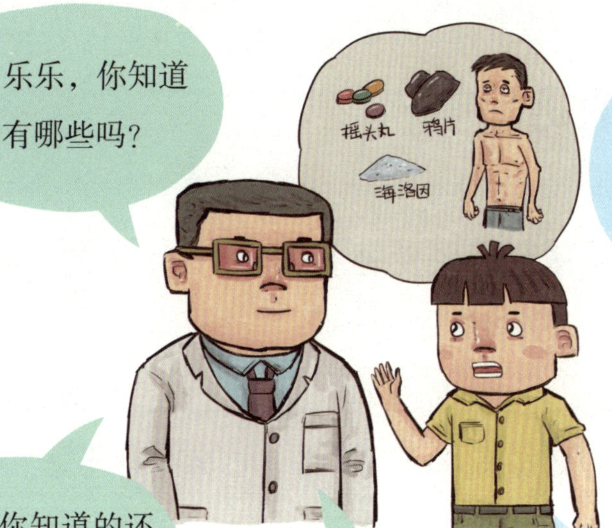

① 吸毒对儿童青少年身体健康的危害

毒品进入人体内后，会导致体内重要器官受损，相关疾病就会乘虚而入，如急慢性肝炎、肺炎、心脏及肾脏功能衰竭、各种皮肤病等。人吸毒成瘾后，一旦中止吸毒，便会出现多种身体不适，如肌肉疼痛、腹痛、流泪、流涕、焦虑、失眠等。大剂量使用海洛因会引起呼吸衰竭，导致死亡。使用不洁注射器或与他人共用注射器会使吸毒者感染各种传染病，如肝炎、艾滋病等。

❷ 吸毒对儿童青少年心理健康的危害

长期吸毒会使吸毒者沉湎于虚幻的自我体验中不能自拔，进而丧失对人际交往的兴趣和对生活的热爱。吸毒者易出现焦虑、抑郁等精神障碍，甚至自杀倾向。

❸ 吸毒对社会的危害

吸毒者无钱购买毒品时极易铤而走险，会不择手段地去偷、去抢，导致犯罪行为的发生，危害社会安全，影响社会稳定。

7. 怎样拒绝毒品

前面我们讲了，吸毒对个人及社会都有极大的危害，那同学们应该怎样做才能远离毒品、拒绝毒品呢？

❶ 要树立正确的人生观和价值观，培养文明、健康的兴趣爱好，参加有益身心健康的文化娱乐活动，丰富自己的精神生活。

❷ 提高心理素质和自我控制能力，做到不因好奇而被人引诱吸毒、不因赌气而吸毒。切忌沉溺于舞厅、游戏厅、酒吧等易出现吸毒现象的场所，以防被人诱骗而沾染毒品。

❸ 要谨慎交友，如果发现周围的亲戚朋友中有吸毒的人，要坚定自己的立场和态度，不受其影响。

❹ 要摒弃贪小利、爱虚荣、追求享乐等不良思想，那些贩毒人员往往以免费提供毒品的方式诱人上当，所以切莫接受陌生人赠送的东西，即便只是一块口香糖、一瓶饮料等。

❺ 切记，不要借助吸毒等不健康的方式来缓解自己的心理压力。

第 8 章

应急与避险

1. 道路交通标志

同学们，我们走在马路上时会经常看到各种各样的交通标志，下面，我就给大家展示几个常见的道路交通标志吧！

停车让行

减速让行

禁止机动车驶入

禁止行人进入

禁止车辆停放

限制速度

其实，除了前面这些，还有很多很多的道路交通标志，同学们可以在上学和放学路上仔细观察一下，然后互相交流交流，看谁认识的标志多！

2. 注意交通安全

交通安全关系我们的生命健康，同学们每天上学、放学或外出时，都会在交通道路上行走。道路上会有各种车辆和人，我们外出时一定要遵守交通规则。日常生活中一定要注意以下几点：

1. 不满 12 周岁的儿童不能骑自行车上路。
2. 过马路时，应走人行横道、地下通道或过街天桥。

3. 在路口等待过马路时，要站在行人等待区，与车辆保持一定的距离。
4. 通过路口时，可高举并摇晃手臂，以引起周围车辆中的驾驶人员的注意。
5. 在通过路口前，要先看绿灯的剩余时间，如果预计剩余时间不足以通过路口，应等待下一个绿灯再通过路口。

6 不要斜行过马路，也不要犹犹豫豫或去而复返，更不要跨越隔离护栏。

7 夜间或雨天走路时，最好穿颜色鲜明或反光的衣服，在穿越道路时，确保周围车辆中的驾驶人员能看到自己，一定要确认安全后再过马路。

3. 火灾发生时的逃生与求救

火灾猛于虎！同学们在遇到火灾的时候一定不要惊慌，要沉着冷静，按照下面几点做。

1 **紧急呼救**。发现火灾后，要按火灾警报器，或跑出屋外大声呼喊“着火了”，告诉周围邻居或人群，切记，不要惊慌失措。立即拨打火警电话119，报警时要讲清起火单位或小区名称、详细地址、着火部位、着火物质、火情大小、报警人的姓名及报警使用的电话号码、着火地点周围的大建筑等。然后，找人在路口迎候消防车。

2 **简易防护，迅速撤离**。逃生时可用湿毛巾、口罩蒙鼻，用水浇身，匍匐前进。撤离时要注意看清紧急出口，不要盲目地跟从人流。当火势不大时，要尽量向下跑，若通道被烟火封阻，则应背向烟火方向撤离，撤到天台、阳台处，并在逆风方向等待救援。

3 **缓降逃生，滑绳自救**。记住！千万不要盲目跳楼，可利用疏散楼梯、阳台、落水管等逃生自救；也可用身边的绳索、床单、窗帘、衣服自制简易救生绳，并用水打湿，紧拴在窗框、暖水管、铁栏杆等固定物上，用毛巾、布条等保护手心，顺绳滑下，或下到未着火的楼层，不一定非要下滑到一楼。

④ **发出信号，寻求救援。**若所有逃生路线均被大火封锁，要立即退回室内，用打手电筒、挥舞衣物、呼叫等方式向外界发送求救信号，引起救援人员的注意。

⑤ **大火袭来，固守待援。**大火袭来，假如用手摸房门已经感到房门发烫，此时开门，火焰和浓烟将迎面扑来。这时，可关紧门窗，用湿毛巾、湿布塞堵门缝，或用水浸湿棉被，蒙上门窗，防止烟火蔓延至房间，等待救援人员到来。

⑥ **火已烧身，切勿惊跑。**身上着火，千万不要奔跑，可就地打滚或用厚重的衣物压灭火苗。

另外，家中应常备灭火器等消防器材，发生小火时应奋力扑灭，以防火势蔓延。到陌生环境时，先熟悉环境，牢记安全出口。无论是居家，还是到酒店、商场等公共场所，务必留心疏散通道、安全出口及楼梯的方位，万一大火燃起、浓烟密布，便可以摸清道路，尽快逃离现场。

同学们，你们记住了吗？

4. 煤气中毒的预防和急救

每到冬季，我们经常会看见或听说一些关于煤气中毒事件的新闻报道。煤气中毒大多在密闭的环境中发生，而且危害很大，很多时候会造成死亡事件。所以我们要时刻注意，平时做到以下几点以预防煤气中毒事件发生。

1 冬季用煤炉取暖时，首先要装上烟筒，并检查煤炉和烟筒是否漏气、烟道有无堵塞等。

2 大人不在时，同学们应该尽量避免使用煤气，如果一定要使用，注意先开窗或打开抽油烟机让室内通风。

3 用煤气烧水或煮饭时，不要轻易离开，以免水溢出把火浇灭，用完后一定要记得关闭煤气阀。

4 液化气钢瓶应直立摆放，严禁加热、火烤、横放、摇晃、日晒液化气钢瓶。

5 定期检查煤气软管、接头，防止老化、松动，若怀疑煤气管道漏气，可以通过在管道外面刷肥皂水来检查。

一旦发生煤气泄漏或有人煤气中毒，可以通过以下方法自救和急救。

1 做好自我防护，先用湿毛巾捂住鼻子和嘴，然后才能进入充满煤气的房间。

2 立即关闭总阀门，防止煤气蔓延而引发火灾。

3 迅速打开门窗，通风换气。

4 迅速将中毒者移到空气新鲜的地方，注意保暖，并拨打 120 或请邻居帮忙。

5 对呼吸心跳停止者，要迅速解开他们的衣扣和腰带，保持其呼吸道通畅，并立即进行口对口人工呼吸和胸外心脏按压。

6 发生煤气泄漏时，千万不要使用任何电器，也不能在充满煤气的房间打电话，绝对不要关闭正在运行的电器。

5. 油锅着火时的紧急处理

如果同学们在家做饭，油锅突然起火了，这时候一定不要手忙脚乱，因为一不小心就可能引燃其他物品，造成更大的火灾。所以，当同学们遇到油锅起火的情况时，一定要沉着冷静，可以用下面两种方法处理。

1 窒息法（“锅盖灭火”方法）：迅速用锅盖或能遮住锅的大块湿布，从人体处朝前倾斜着遮盖到起火的油锅上，燃烧着的油火接触不到空气，便会因缺氧而熄灭。

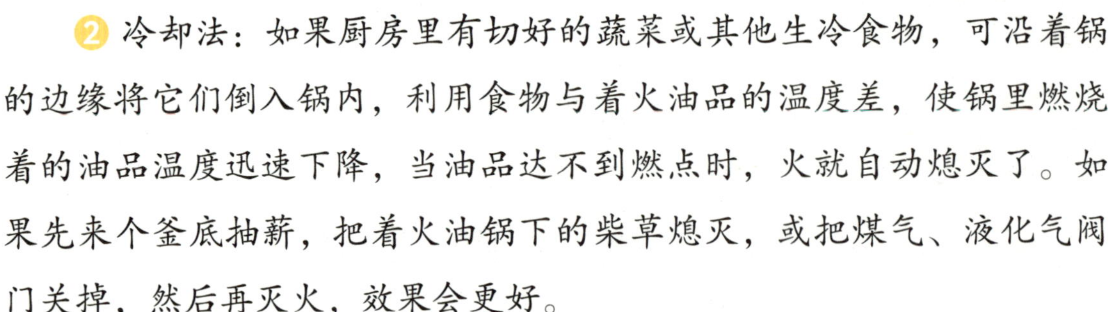

2 冷却法：如果厨房里有切好的蔬菜或其他生冷食物，可沿着锅的边缘将它们倒入锅内，利用食物与着火油品的温度差，使锅里燃烧着的油品温度迅速下降，当油品达不到燃点时，火就自动熄灭了。如果先来个釜底抽薪，把着火油锅下的柴草熄灭，或把煤气、液化气阀门关掉，然后再灭火，效果会更好。

小提示

一旦油锅起火，千万不要往锅里浇水，因为浇水会造成热油飞溅，引起更大的火灾和人员伤亡。油锅起火时，也不应冒险去端锅，因为这样做容易把锅弄翻，引起更严重的后果。

6. 中暑的紧急处理

夏天天气炎热，人如果长时间暴露于高温、高湿环境中，很容易发生中暑。中暑后如果得不到及时救护，后果是很严重的。下面，给同学们介绍一下中暑的紧急处理方法。

1 应立即将中暑人员移到通风、阴凉、干燥的地方休息。

2 让患者平躺，保持呼吸道通畅，解开衣扣，脱去或松开衣服，用湿毛巾擦洗全身降温；如果衣服已被汗水湿透，应及时更换干衣服，同时打开电扇或空调，以便尽快散热，但不要让冷风直吹患者。

3 患者意识不清时，不可进食或喝水，意识清醒后可少量多次饮淡盐水，补充足

够的水分和盐分，每次饮水量以不超过 300 毫升为宜，也可以喝一些鲜果汁。

4 中暑后不要吃油腻的食物。食用油腻食物会增加消化系统的负担，使大量血液滞留于胃肠，而输送到大脑的血液便相对减少，营养物质也不能被充分吸收，不利于缓解中暑症状。

7. 溺水的紧急处理

同学们，虽然我们一直在不断强调防溺水安全教育，但是每年夏天都有关于儿童青少年溺水的报道，掌握溺水的急救知识还是很有必要的。

溺水突发事件的发生往往是由缺乏经验，或采取错误方法导致的。因此，掌握实用游泳技术对自救显得格外重要，在平时生活中应尽可能多地积累这方面的经验，以应对不时之需。实用游泳技术应该成为每个人，特别是青少年，必备的生存技能之一。发现有人落水时，可以这样做：

1 大声呼叫“有人落水”，同时请人打 110 或 120 请求支援。若未学过水中救生技术，不可贸然入水救人，儿童的体力不能胜任救人任务，不管会不会游泳，儿童都不要下水救人。察看周围是否有救生器材，如救生绳、救生圈、救生球等。

2 若落水者在浅水区且离岸边不远，可利用岸上的自然之物，如竹竿、木条等，从岸上施救，这是最有效的办法。

3 当落水者距离岸边较远，且处于清醒状态时，可向其抛掷救生圈、救生绳、木板等可浮物品。

4 若要下水援救溺水者，应从溺水者背后抱住溺水者，慢慢游到岸边。

5 将溺水者救上岸后，应分秒必争地进行岸边抢救。首先应检查溺水者的身体状况，观察其有无意识丧失、心跳呼吸停止、外伤等。若患者心跳呼吸停止，应立即进行心肺复苏。若患者意识清醒，可对其采取保暖措施后，将其送到医院进行进一步检查。

8. 游泳时抽筋的处理

上周我去海边游泳，看见一个小男孩刚游出去没多久，腿就抽筋了，身体直往水下掉，呛了很多口水，幸亏旁边的一位大哥哥一把把他拉了出来，真是太惊险了！

在游泳的时候出现腿抽筋可是一件非常恐怖的事情，会有生命危险的！

同学们，游泳时难免会碰到抽筋的现象，如果处理不当，很容易发生溺水，那么，我们在水中出现抽筋时应该怎样做呢？

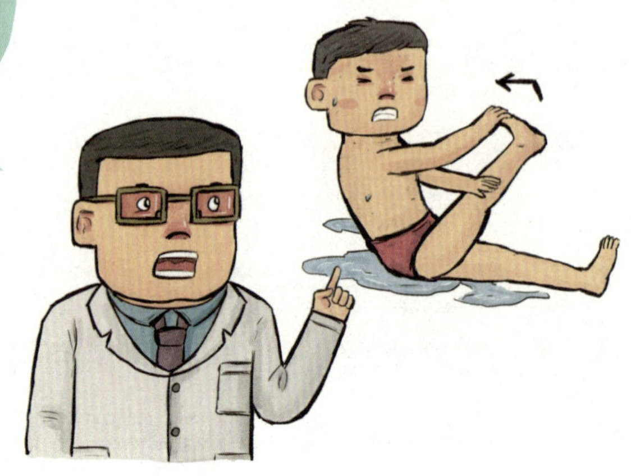

1 手指抽筋：先用力握拳，然后迅速用力张开，并向后压，反复多做几次，直到抽筋停止。

2 手掌抽筋：两掌相合，手指交叉，反转掌心向外，或是用另一手贴于抽筋的手掌上，用力压，或握住四指用力后弯，直至抽筋停止。

3 腿抽筋：用抽筋腿对侧的手抓住抽筋侧的脚趾，同侧的手按压抽筋腿的膝盖。反复多做几次，直到抽筋停止。

9. 触电的紧急处理

触电也是日常生活中会发生的突发意外情况，如果处置不及时、不合理就会危及生命。那么，如果我们遇到触电突发状况，应该怎样做呢？

当有人发生触电时，首先应迅速使他脱离电源，切断电源开关或用干木棍将电线拨开。

如果通过人体的电流很小，触电的时间也短，脱离电源以后，触电者只感到心慌、头晕、四肢发麻，要让他休息 1 ~ 2 小时，并有人在旁守护，观察其呼吸、心跳情况，一般不会有生命危险。

若触电时间较长，通过人体的电流较大，触电者表现为面色苍白或青紫，昏迷不醒，甚至心跳、呼吸停止，就应该分秒必争地进行现场抢救，立即予以心肺复苏。

10. 动物咬伤的急救与预防

佳佳，你听说过狂犬病吗？

嗯，听说这个病非常可怕，一旦发病，死亡率就是 100%。

是啊，狂犬病人都是因为被狗或其他动物咬伤而感染了狂犬病毒。所以，我们出门在外的时候，要小心这些动物。

急救处理方法：

1 用力挤出伤口里的血液，因为血液中可能含有随动物唾液进去的病毒。

2 用肥皂水或双氧水将伤口冲洗干净，并用碘伏消毒。注意，处理完伤口后不要进行缝合包扎。

3 尽快前往医院或卫生防疫部门接种狂犬疫苗。千万不要抱有侥幸心理而不接种，以免错过最佳治疗时机。

预防措施：

1 不要随意逗弄猫、狗等小动物。

2 不要轻易带陌生的小动物回家饲养。

3 一定要按时给自己家里养的小动物接种狂犬疫苗。

第9章

保持心理健康

1. 健康就是身体没病吗

传统的健康观是“无病即健康”，而现代人的健康观是整体健康。健康不仅是没有疾病，而是一种在身体上、心理上和社会上的良好状态。

健康是指人的身体发育良好，机理正常，有健全的心理和社会适应能力。所以，同学们平时不仅要关注自己的身体状况，还要关心自己的心理状态，遇到问题及时跟父母和老师沟通。

2. 做一个心理健康的人

健康的定义大家都知道了，我们不仅要做到身体健康，还要成为一个心理健康的人。那么，什么是心理健康呢?

心理健康的人有这么几个特点：

1. 智力正常。智力是心理特征的重要方面，是人们获得知识、技能的基础。

2. 情绪良好。心理健康的人能够经常保持愉快的心情，善于从生活中寻找乐趣，对生活充满希望。一旦有了负性情绪，能够及时调整，能够保持情绪相对稳定。

3. 人际和谐。心理健康的人乐于与人交往，拥有稳定而广泛的人际关系；在人际交往中能够保持独立而完整的人格，有自知之明，不卑不亢，能客观评价别人，宽以待人，乐于助人。

4. 能够适应环境。心理健康的人有积极的处世态度，与社会广泛接触，对社会现状有较清晰正确的认识，具有顺应社会改革变化的能力。

5. 人格完整。心理健康的人以积极进取的人生观为人格的核心，具有清醒的自我认识，没有明显的人格缺陷。

3. 哪些心理需要格外关注呢

❶ 敏感：很多同学自我意识强烈、自尊心强，但心理承受能力较低。当意识到某种威胁自尊的因素存在时，就会产生强烈的不安、焦虑和恐惧；当自尊心受到伤害时，就会生气、愤怒，常常担心别人嘲笑自己。

❷ 叛逆：同学们正处于成长期，独立意识和自我意识日益增强，迫切希望摆脱家长和老师的监护，不喜欢他们把自己当成小孩子。同时，为了表现自己的与众不同，易对任何事情持批判的态度。

❸ 嫉妒：这是对他人的优势地位在自己心中产生的不愉快情感。当别人比自己强（如在学习、相貌、人缘等方面）时，表现出不悦、怨恨、愤怒，甚至带有破坏性的负面情感。

❹ 失落：同学们往往有许多的愿望，希望将其变为现实，当这些愿望长期实现不了时，就容易产生失落感。

❺ 自卑：它是一种由自我否定而产生的情绪体验。表现为在人际交往中对自己的能力评价过低，看不到自己的优点和长处，总是仰视他人、否定自己。

❻ 孤独：有些同学常常觉得自己是茫茫大海上的一叶孤舟，不愿

意与人交往。这是一种令人不愉快的负性情绪体验，长期处于孤独状态的人易患心理疾病。

4. 小学生常见心理问题

❶ 学习焦虑

同学们在学习上存在竞争关系，如果学校、老师、家长过于看重分数，会给学生带来沉重的心理负担。

❷ 人际交往焦虑

同学们在家庭中备受宠爱，行事往往以自我为中心，进入集体中与他人交往时易遭受挫折，产生人际交往焦虑。

❸ 自责倾向

在发生不如意的事情时，部分同学经常认为自己不好，对自己所做的事抱有恐惧心理，尤其是感受到父母、老师、朋友不认可自己时。

❹ 挫折感

意志力薄弱的同学，在遇到困难时，不能正确面对困难，往往选择逃避。挫折感可能来自学习方面、人际交往方面，也可能来自愿望不能实现、兴趣得不到支持等。

5. 学会调节与控制情绪

怎么啦？
心情不好，好想哭啊！
家里养的小猫，前些天患病死了，我太难过了，哇哇哇……

萌萌，你的心情我理解。你可以跟你的小猫好好告个别，或者为它画一幅画、写篇作文，来表达你对它的思念。
或者，你可以再养一只小猫。
嗯……

情绪糟糕时，我们应该怎么做呢？

恰当调节情绪

❶ 转移注意力。当我们遇到烦恼时，可以先去做一些自己感兴趣的事情，如看电影、听音乐等，待心情好一些时再回过头来解决问题，往往会收到意想不到的效果。

❷ 改变环境。如改变房间的格局、整理课桌上的书籍等，干净整洁的环境会让人心情舒畅。

合理发泄情绪

❶ 哭。哭可以释放不良情绪，缓解心理压力。

❷ 向他人倾诉。向自己信任的朋友、亲人、老师诉说心里的痛苦，一方面可以宣泄情绪，另一方面可以获得他们的帮助。

❸ 运动。情绪低落的时候，人往往沉浸在痛苦中，不愿活动，这时就需要打破这种状态，参加跑步、打篮球等活动幅度较大的运动，对调节不良情绪有很好的效果。

❹ 大声唱歌。大声唱歌是发泄情绪的好方式，但要注意场合，不要影响到别人。

主动控制情绪

❶ 自我暗示、自我激励。告诉自己“我能行”“我是最棒的”，用这类语言暗示自己，增强自信心。

❷ 换位思考。面对问题时，学会换位思考，站在对方的角度考虑一下，可能就不会生气了。

❸ 学会升华情绪。学会将消极情绪转化为提升自己的动力。

6. 保持自信，自己的事情自己做

佳佳，最近看你状态不好，怎么回事啊？

王博士，上次期中考试我的成绩很不理想，名次下降挺多，爸爸妈妈也批评了我。我觉得自己很笨，考得这么差，非常难过。

佳佳，不要气馁，一次考试说明不了什么，你要相信自己，只要你按照我说的这几条去做，一定会进步的。

1. 接纳自己，要明确自己的优点。
2. 做事前要有充分的准备。
3. 在失败与错误中吸取教训。
4. 为自己的能力划一条界线。
5. 与欣赏你的朋友保持紧密联系。
6. 不要过多地想自己的不足。
7. 练习正视别人。
8. 走路时抬头挺胸、加快速度。
9. 练习当众发言。
10. 开怀大笑。

7. 制订合理的学习目标

王博士，我最近在学习上遇到了一些困难，老是觉得力不从心，学习成绩也有一些下降，我该怎么办啊？

我想，你首先应该从自身出发，认清自己的学习能力，再制订一个个小目标，逐步实现。

同学们在学习上遇到困难时可以这样做：

1. 梳理自己目前掌握的基础知识，形成知识框架。
2. 分析自己学习方法的科学性及自己的个性特征等。
3. 目标的难易程度要适当。制订学习目标一定要从自身的条件和能力出发，切忌好高骛远。
4. 学习目标具有阶段性，需要随时根据周围的客观变化进行调整。

8. 树立良好的纪律意识

乐乐，听说你昨天在课堂上睡觉被老师罚站了？

是啊，不想学习又有点困，就不知不觉睡着了。

乐乐，我们在学校里面一定要遵守学校的纪律，课堂上认真听讲、积极回答问题，做一个守规矩的好学生。

我知道错了，以后我会上课认真听讲，不再睡觉了。王博士，您说的“纪律”是什么意思啊？

纪律就是指为维护集体利益并保证工作正常进行而制定的要求成员必须遵守的规章、条文。从小树立良好的纪律意识会使我们终身受益。

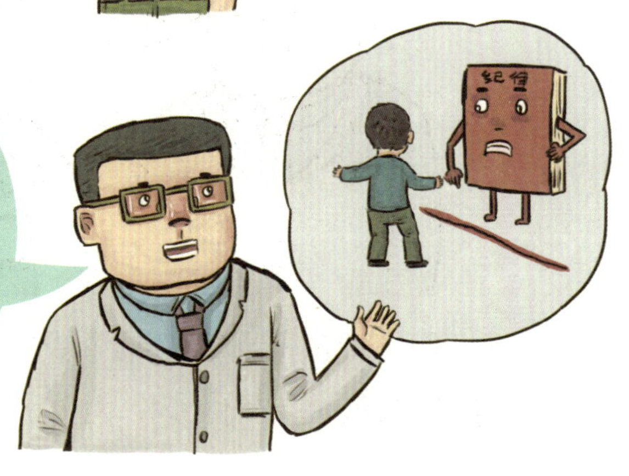

纪律是约束我们的行为的，约束行为的目的是保护和扩大人们的自由。人没有了纪律的约束，就像断了线的风筝，可能当时会放纵一下自己，但以后就再也无法高飞了。真正有所作为的人，必定是严格遵守纪律的人，不遵守纪律的学生不是优秀的学生。

无规矩不成方圆，纪律是一个团队生存和“作战”的保障，没有了纪律，这个团队就像一盘散沙，人人各自为战，没有统一的前进方向。对我们小学生来说，在学校期间必须要按时参加学校统一安排的教学活动，注意课堂礼仪，认真听课，做到不迟到、不早退。

要把自觉遵守纪律看成提高自己的前提，按照纪律要求来约束自己的行为。

9. 做时间的掌控者

哦，我知道了，是时间！

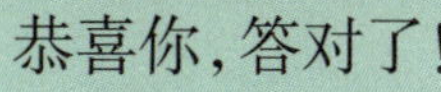

时间对每个人来说都是公平的，一天都是24小时。同学们，想想过去的24小时，你们都做了些什么呢？请大家回忆过去24小时发生的事情，尽量详细地回忆，并把这些事情记录在相应的时间段内，看看过去的24小时，你是怎么度过的。你会发现，有很多的时间悄悄溜走了，你不知道做了什么，这些就是浪费掉的时间，也是我们时间管理的重点。建议同学们制订每日时间管理表，首先想好每天要做的事情，然后将这些事情按照重要性进行排序，接着就是执行，最后对完成的事情做标记。

树立时间意识，不仅要规划管理好自己的时间，还要做到守时。守时是为人处世的重要准则。无论是上学、参加活动、聚会，还是考试，如果你每次都能守时，不为迟到找任何借口，就会很容易获得别人的认可，有一个好人缘。守时的人，往往更容易取得成功。守时是一种素质，做一个守时的人，不仅是对别人的尊重，更是对自己的尊重。让我们从现在开始行动起来，做时间的掌控者吧！

10. 学会与家长和老师沟通

同学们，我们的成长离不开父母的养育、老师的教导，平时我们应学会与家长、老师交流沟通，把老师、家长当成可信赖的人，做到尊敬老师，关心父母。

沟通不仅是一项个人的基本技能，也是人与人之间增进了解的重要途径，沟通越深入，双方越能相互理解和包容。

在学校里面，如果在学习上遇到不懂的地方，要主动向老师提问，日常也要勇敢地向老师表达自己的想法和感受。当你遇到人生困惑时，除了与你的父母沟通之外，也可以和信任的老师沟通，相信老师会很愿意给你一些建议。作为学生，你也可以力所能及地帮助老师，主动帮老师擦擦黑板、收收作业本等；在重要节日，如教师节等，可以送给老师自己制作的节日贺卡，表示祝福和感恩之情。

在家里和爸爸妈妈沟通时，你可以这样做：

1 学会主动沟通。平时多和爸爸妈妈聊一聊学校里面的事情和学习上的困惑，和父母说说心里话，让他们了解你的想法。

2 学会换位思考。不要动不动就和父母顶嘴，多站在父母的角度思考，体谅父母的心情和难处。

3 学会尊重理解。有事外出应主动和父母联系，免得父母担心。遇到问题要多听听父母的观点，同时也要提出自己的观点，当自己的想法与父母的观点有分歧时，双方要冷静思考产生分歧的原因及解决的对策，达到求同存异的沟通结果。

4 学会宽容。遇事不必斤斤计较，因为父母是最爱你的人，也是你最爱的人。

5 有错就改。不隐瞒自己的错误，请父母帮助你改正错误，比起所犯的错误，父母更在意你的改错态度。

6 主动帮忙。帮父母做些力所能及的事，让他们开心。

11. 什么是网络成瘾综合征

网络成瘾综合征简称“网瘾综合征”，最主要的表现是，对网上冲浪时间失控，影响了正常生活和学习。患者多沉湎于网上聊天或网络游戏，并因此忽视了现实生活的存在，或对现实生活不再满足。一开始可能只是精神上的依赖，渴望上网冲浪，时间长了可能出现躯体症状，表现为情绪低落、头晕眼花、疲乏无力、食欲下降等。

12. 如何判断自己是否患网瘾综合征呢

1 每天起床后情绪低落，疲乏无力，或神不守舍，而一上网便精神抖擞，百“病”全消。

2 上网时神思敏捷、口若悬河，并感到格外开心，一旦离开网络便反应迟钝、情绪低落。

3 只有不断增加上网时间才能感到满足，从而使得上网时间失控，经常比预定时间长。

4 无法控制去上网的冲动。

5 每看到一个新网址就会心跳加快或心律不齐。

6 只要长时间不上网操作或玩手机就手痒难耐。有时刚刚离开网络就又有想上网或玩手机的冲动。有时早晨一起床就有想上网的欲望，甚至夜间醒来也想打开电脑或手机。

7 不能上网时便感到烦躁不安或情绪低落。

8 平常有不由自主地敲击键盘的动作，或身体有颤抖的现象。

9 对家人或亲友隐瞒迷恋网络的程度。

如果你有以上标准中的 4 项或 4 项以上表现，且持续时间已经达 1

年以上，那么就表明你已经患上了网瘾综合征。

同学们，你们参照上面的标准判断一下，看看自己是否有网瘾吧！

13. 如何摆脱网瘾呢

1 要让他们认识到网瘾的害处，帮助他们逐步恢复正常的生活、学习规律。

2 上网要有明确的目的，有选择性地浏览自己所需要的内容；上网过程中应保持平静心态，不宜过分投入，要注意远离一切色情、暴力性节目。

3 多参加户外运动或体育锻炼，做一些有益于身体健康的事情。

4 多参加活动，让自己的生活变充实，找好朋友聊天，多在现实世界中寻求支持。

5 严重的网瘾患者应寻求专业心理医生的帮助，通过治疗恢复健康。

14. 不信谣、不传谣

我在手机上看到的，很多人都在朋友圈转发了，我也转发了。目前形势很严峻，大家赶紧准备坐飞船去火星吧！

乐乐啊，你这消息一看就是谣言。你不但相信谣言，还传播谣言，这样做很不对啊！

同学们，目前网络谣言已成为互联网世界里最大的“病毒”，不仅导致社会诚信缺失，影响网络事业的健康发展，而且使人们的是非观、道德观、审美情趣、文化心态等受到严重冲击。所以，在这里我们号召同学们：

1. 树立法律意识，严格遵守互联网法律法规，文明上网，自觉远离网络谣言，坚决斩断网络谣言传播链。

2. 增强社会责任感，强化道德正义感，站稳立场、明辨是非，切实做到不信谣、不传谣，让网络谣言失去滋生的土壤。

3. 加强自我学习，学会自我约束，增强辨别谣言、抵制谣言的能力，逐步树立成熟阳光的网络公民心态。

4. 主动参与到抵制网络谣言的行动中去，积极揭露和举报网络谣言，力争消灭谣言产生的温床，坚决做网络健康环境的维护者。

15. 提高防拐防骗意识

哦，那应该是个很悲惨的故事，一旦被拐卖，就再也见不到爸爸妈妈了，太可怕了！

是啊，我们应该提醒所有的小朋友，从小就要树立起防拐意识。

① 放学时如果不是自己的亲人来接，要及时告知老师，由老师联系家长确认，在不确定的情况下不能跟别人走。

② 在任何时间和地点都不接受陌生人的钱财、玩具、礼物或食物，坚决拒绝他们的诱惑，更不可随便跟陌生人走。最常见的拐骗儿童的套路就是，陌生人上前问你知道哪里哪里吗？能带他去吗？

③ 和家长一起外出游玩、购物时，一定要和家长牵手，紧随家长，以防跟丢。

④ 如果要跟同学一起外出游玩，要先征得家长同意，并将行程告知家人，说明大概的返家时间，不可随便更改计划，或中途再跟其他人到别处游玩。

⑤ 要记住家长的手机号码，并学会拨打求助电话。

6 万一走失不要紧张，看看周围有没有穿制服的警察叔叔和保安，向他们求助，不要跟着陌生人走。如果有人说可以带你去找爸爸妈妈，可以请他帮忙给爸爸妈妈打电话，原地等候家人来接。

16. 什么是校园欺凌

校园欺凌是发生在校园内外、以学生为参与主体的一种攻击性行为，既包括直接欺凌，也包括间接欺凌。

校园欺凌的参与者包括欺凌者、被欺凌者、旁观者。旁观者不是校园欺凌事件的直接参与者，但目睹或听闻了校园欺凌事件的发生，在校园欺凌行为中处于旁观的位置。校园欺凌事件发生时，旁观者可能采取三种行为：“作为”、“不作为”、对欺凌行为起哄。“作为”是指及时为受欺凌者提供支持、帮助和保护；“不作为”是指拒绝为受欺凌者提供支持、帮助和保护；对欺凌行为起哄是指该旁观者并未表现出欺凌行为，但他的行为可能增强欺凌者的攻击行为。

校园欺凌具有持续性和反复性，受害者是在校学生。另外，精神侮辱（比如起绰号、孤立某人）等方面的行为也属于校园欺凌，其本质属于反社会的攻击性行为，都会对受攻击者造成严重伤害。

17. 面对校园暴力，我们应该怎么做

前面跟大家聊了聊什么是校园欺凌，乐乐遇到的情况就属于校园欺凌，大家想一想，当你遇到这种情况时，应该怎么办呢？

1 在威胁与暴力来临之际，首先告诉自己不要害怕。要相信邪不压正，同学与老师，以及社会上一切正义的力量都是自己的坚强后盾，会坚定地站在自己的一方。

2 在确保自身安全的前提下寻找机会向周围人求救。运用自己的智慧与坏人周旋，拖延时间，尽最大努力保护自己。

3 如果受到伤害，一定要及时向老师、警察报告。不要给不法分子留下“这个小孩好欺负”的印象，如果一味纵容他们，最终只会导致自己频频受害，陷入可怕的梦魇之中。

在受人欺侮、遇到危险或可能发生危险时，要主动、及时地和老师、家长、警察取得联系，积极争取学校、家庭和社会的保护。事情发生后要学会用法律保护自己，要大胆揭发坏人坏事。遭遇欺凌报警时，记得讲明事发地点、施暴人数及他们的体貌特征。

第 10 章

我们正在慢慢长大

同学们，你们想一想，进入五年级以后，你们及周围同学的身体发生了哪些变化？

大家都说我突然长高了不少，体重也长了不少，都成大姑娘了！

是啊，我觉得也是。

嗯，你们这是进入青春期了。下面，我来给你们讲一下青春期的知识吧！

1. 珍爱生命，尊重生命

什么是生命?

生命是生物体所具有的活动能力，是蛋白质的存在形式。

每个人的生命只有一次，一旦逝去，便无法追回。生命本身就是一种精彩，健康是我们最大的财富。人假如失去生命，一切都将不再存在，所以我们应当珍爱生命、尊重生命。

据统计，我国每年因交通事故、溺水、食物中毒等原因死亡的中小学生约有 1.6 万，平均每天有 40 多人死亡，相当于每天有一个班的学生失去了宝贵的生命，触目惊心的数字敲响了生命安全的警钟。在我们的校园里，也存在着很多威胁我们生命安全的隐患。比如，某中学课间操时，在楼梯间发生拥挤踩踏事故，造成数十名学生伤亡；某班级两名学生打闹时，一名同学不小心头部碰到桌角，造成脑震荡等。同学们要从思想上重视起来，时时刻刻把“安全”二字放在心间，随时随地为生命安全约束自己的行为，学会尊重生命、珍爱生命!

2. 生长发育是怎么一回事

人的一生真的很神奇啊，从出生时候的小婴儿，一天天长大成人，然后慢慢衰老，最终死去。

是啊，人从出生开始，身体就在不断吸收能量，逐渐生长发育。

这里的生长是指身体各器官、系统的长大和形态变化，是量的改变；而发育是指细胞、组织和器官的分化完善与功能上的成熟，是质的改变。两者密切相关，生长是发育的物质基础，而发育成熟状况又反映生长的量的变化。

王博士，为什么我和佳佳年龄一样大，但我就没有她长得高？我是不是缺少什么营养？

不一定哦，儿童青少年的生长发育虽然是有一定规律的，但在一定范围内受多种因素的影响，存在很大的个体差异。

❶ 遗传因素：父母的身材、皮肤颜色、毛发多少、发育早晚等，都对子女有一定程度的影响。

❷ 精神因素：专家认为，得到关爱较少的儿童，体内激素的分泌会受影响，从而导致生长发育落后。

❸ 营养因素：营养对人的生长发育至关重要，婴幼儿期的营养尤为重要。若婴幼儿期营养摄入不足，不仅影响身高、体重的增长，还会影响智力发展。

❹ 睡眠因素：儿童入睡后，生长激素分泌增加，如果睡眠不足，生长激素的分泌就会减少，从而影响生长。

❺ 锻炼因素：在良好的环境中进行体格锻炼对增强儿童体质、提高发育水平和降低发病率有很大作用。日光、新鲜空气、水能促进新陈代谢，有利于生长发育，儿童青少年宜多到户外参与体育锻炼。

❻ 疾病因素：长期消化功能紊乱、反复呼吸道感染、内分泌系统疾病及大脑发育不全等，对儿童青少年的生长发育都有直接影响。

❼ 环境和气候因素：有研究表明，秋季长重快，春季长高快；从地区来看，生活在热带地区的人发育早，而生活在寒冷地区的人往往体形高大。此外，规律的生活、没有噪音和污染的环境等，均有利于儿童青少年的生长发育。

3. 青春期是什么

人的一生如同大自然的花草一样，在不同时期有不同的特点和使命，每个人都要经历童年、成年、老年几个阶段。

青春期是一个人从稚气未脱的孩子发育到成年人的重要过渡时期，也是决定一个人的性格、体质和智力水平的关键时期。在这个时期，人的身体和心理都会发生许多变化。青春期一般会持续 8 ~ 10 年。

青春期到来的年龄：一般女孩从 9 ~ 12 岁开始进入青春期，男孩则从 11 ~ 13 岁开始。受气候、个人体质、遗传、营养等因素的影响，每个人开始进入青春期的年龄不尽相同。如果女孩 14 岁后、男孩 15 岁后仍无青春期开始的表现，应该到医院检查。

4. 进入青春期，身体会有哪些变化

进入青春期，我们的身体像开了闸的河水，迅猛发育起来。

1 体格发育进入第二个生长高峰。身高、体重快速增长，皮下脂肪增多、骨盆变宽，体态也越来越接近成人。

2 生殖系统逐渐发育成熟，第二性征开始出现。男孩开始长胡须，喉结突出，声音变粗；女孩乳房发育，出现月经初潮。

3 心肺功能增强，血压升高，心率减慢，大脑发育再次加速。

5. 第一性征与第二性征

性征就是性别特征。

第一性征：男女在胚胎时期即已形成的生殖器官本身的差异。

第二性征：进入青春期后，男女在生殖器官以外表现出的身体结构和功能上的差异。第二性征又称副性征。

男孩的第二性征主要表现在阴毛、腋毛、胡须、喉结及声音五个方面。以毛发的变化最为突出，先长阴毛，再长腋毛和胡须。

女孩的第二性征主要表现在乳房、阴毛及腋毛三个方面。通常乳房发育最早，一般 10 岁左右开始发育。阴毛先于腋毛出现，腋毛一般比阴毛晚两年出现。

6. 学会保护自己

同学们，你们现在还是未成年人，虽然我们的社会治安很好，但社会上还有一些不法犯罪分子，在外时一定要有安全意识，做好个人防护，保护自己不受侵犯。

❶ 上学、放学选择最安全路线，避免夜归及走偏僻小路。

❷ 避免单独与陌生人乘电梯，乘坐电梯时尽量站在靠近紧急呼叫按钮的位置。

❸ 相信自己的直觉，发现有危险的人靠近，立即躲避。

❹ 与朋友、家人互相照应，外出时尽量和大人一起，不要单独行动，如果单独外出，一定要让家人知道你的行踪。

❺ 不随便给陌生人开门，拒绝陌生人进入家中。

❻ 拒绝服用陌生人给的药物或饮用陌生人给的饮品。

❼ 学习有效自卫术，善于将随身物品作为反击武器。

❽ 遇事保持冷静，随机应变，根据形势快速选择自救方式。